检察业务管理指导与参考

JIANCHA YEWU GUANLI
ZHIDAO YU CANKAO

最高人民检察院案件管理办公室 / 编

2024年
第2辑
（总第26辑）

中国检察出版社

图书在版编目（CIP）数据

检察业务管理指导与参考. 2024年. 第2辑：总第26辑 / 最高人民检察院案件管理办公室编. —北京：中国检察出版社，2024. 5

ISBN 978-7-5102-3082-0

Ⅰ. ①检… Ⅱ. ①最… Ⅲ. ①检察机关-业务管理-中国-丛刊 Ⅳ. ①D926. 3-55

中国国家版本馆CIP数据核字（2024）第101827号

检察业务管理指导与参考（2024年第2辑）

最高人民检察院案件管理办公室　编

责任编辑：史世琦

技术编辑：王英英

美术编辑：徐嘉武

出版发行：中国检察出版社

社　　址：北京市石景山区香山南路109号（100144）

网　　址：中国检察出版社（www. zgjccbs. com）

编辑电话：（010）86423736

发行电话：（010）86423726　86423727　86423728

（010）86423730　86423732

经　　销：新华书店

印　　刷：唐山玺诚印务有限公司

开　　本：710 mm×960 mm　16开

印　　张：10. 25　插页8

字　　数：131千字

版　　次：2024年5月第一版　　2024年5月第一次印刷

书　　号：ISBN 978-7-5102-3082-0

定　　价：40. 00元

《检察业务管理指导与参考》
编　委　会

2024年1月，吉林省人民检察院政治部、案件管理部联合举办第三届吉林省检察机关案件管理业务竞赛。经过激烈比拼，评选出案管业务标兵、业务能手和优秀组织奖若干，最高检领导莅临全程观摩指导。

2024年3月，最高检案管办与吉林省院、延边州院、珲春市院开展座谈会，深入调研《关于加快推进新时代检察业务管理现代化的意见》和新修订的《检察机关案件质量主要评价指标》落实情况。

2024年4月，吉林省人民检察院召开第一季度数据分析研判会，全面落实新修订的《检察机关案件质量主要评价指标》，引领全省树立正确的政绩观和科学的数据观，统筹好业务宏观管理与个案微观管理的关系，努力以高水平业务管理促进高质效办案。

吉林省人民检察院案件管理部着力构建“现场阅卷＋异地阅卷＋互联网阅卷”多元化律师阅卷服务保障格局，努力为律师和诉讼参与人提供优质、高效、便捷的阅卷服务。

吉林省人民检察院案件管理部创建“案管业务训练营”支部品牌，强化党建工作对业务工作的引领，与市县两级院共同上党课、学业务，凝神聚力、正风强基，推动党建、业务双融双促双提升。

吉林省长春市人民检察院案件管理部深入贯彻检察机关案件管理部门专项援疆工作推进会精神，建立常态化帮扶机制，选派业务骨干与受援地区检察干警研讨交流，推动结对共建走深走实。

前　言

2019年3月，《检察业务管理指导与参考》创刊，如一株破土而出的幼苗，根植于“四大检察”全面协调充分发展的“沃土”，伴随案管工作实践，在全国案管人的重视与呵护下茁壮成长，不断结出引领检察业务管理助推检察业务高质量发展的累累硕果。

《检察业务管理指导与参考》作为检察业务管理理论与实务研究的专门期刊，始终秉持的宗旨是，深化理论研究以指导工作，推介实务经验以供借鉴参考，理论与实务紧密结合，促进全国案件管理工作深入开展，为“四大检察”发展贡献案管力量。

我们致力于把《检察业务管理指导与参考》打造成案件管理理论创新的基地。深入学习贯彻习近平法治思想，革除不合时宜的观念理念，打破体制机制的制度性障碍，聚焦案件管理的基础理论、重大课题和制约案件管理创新发展的“瓶颈”问题，与时俱进创新案件管理理论，引领不断发展的案件管理工作实践。

我们致力于把《检察业务管理指导与参考》打造成实务经验交流的载体。鼓励实务探索，倡导凝练总结，将“三大监督”“四大服务”“管好管理”的生动实践，融入理性思考和理论升华，通过《检察业务管理指导与参考》这个平台晒出来、辩起来、推广开来，促进交流碰撞和思想解放，从而始终保持案件管理机制改革创新的源头活水，助推案件管理工作整体提升。

我们致力于把《检察业务管理指导与参考》打造成开阔案件管

理眼界的窗口。跳出检察业务管理的拘囿，加强中外司法管理的比较研究，汲取其他执法司法机关的业务管理理论成果，借鉴社会治理、现代企业管理的成功实践和创新理论，引导案管人打开眼界，拓宽视野，以“他山之石”，成案件管理之功。

《检察业务管理指导与参考》是案管人自己的刊物，记载着案管人的奋斗与追求、激情和汗水，更将描绘出案件管理工作的希望与梦想、今天与明天。案件管理理论研究，案管人使命在肩，责无旁贷。各地案件管理部门和广大案管人，既要重视、支持和参与撰稿投稿、编审征订工作，也要学好用好这个刊物，为案件管理工作助力、赋能。

理论启智心灵，实践创造非凡。让我们一起为案件管理工作铺一条光明的路，开满希望的花，结出丰硕的果。

目录

领导论坛

理论前沿

专题研究

监管案例

案管人物

基层探索

领导论坛

LINGDAO LUNTAN

中国军主任在检察案件管理理论研究课题开题会上的讲话（摘编）

（2024 年 4 月 3 日）

2023 年，最高人民检察院案件管理办公室联合中国检察出版社首次组织课题申报立项活动，收到 104 份申报书，最终立项 16 个。今年收到了 178 个课题立项申请，经过几轮筛选审查，有 20 个课题获得立项，很不容易，大概只有 1/10。今年的课题研究在经费上比 2023 年大大增加，2023 年是 16 万元，今年投入了 20 万元。课题中，有 98 名院领导担任课题主持人，其中省院检察长 1 名，副检察长 7 名，地市级检察长 13 名，基层院检察长 29 名，市县院副检察长及专委 48 人。除了一半以上都是院领导担任课题组的负责人，还有 7 个省级院的案管部门主任担任负责人：天津丁晶、上海何静、江苏李建奇、江西葛春瑜、广西苏金基、青海党雪梅、新疆巴义尔达拉。此外，新疆大学、贵州大学的一些教授、学者也参加这次课题申报。对比发现，无论是从申报数量，还是申报人员的级别来看，今年的课题申报都比 2023 年更胜一筹，说明大家认识到了案管理论研究的重要性，踊跃参与，付出努力。

下面我就今年课题研究中需要注意的问题谈一些个人的观点。

第一，要高度重视案管课题研究。应勇检察长说过，检察工作现在处于历史上最好的发展时期。套用这句话，案件管理工作也处于历史上最好的发展时期之一。在这个好的时期，需要案件管理工作大踏步前进，不仅要往前走，还要往上走。往上往前走，靠的是理论牵引这个根本，而今年我们要出一套六本的教材，这也是最高检案管办抓牢这个牵引的率先垂范。我也出了两本书，一本实务，一本理论。我们为什么这么做？就是要把案管的理论根基打扎实，这次课题研究也是案管理论研究的重要组成部分。大家踊跃申报课题，而且立项了，那么就要把这项事、这些课题放在心上。要有把自己能力、荣誉作为抵押的态度做好课题研究，如果课题不能高质量结项，是说不过去的，所以务必要按时按质按量把课题完成好。

第二，要着眼于应用研究。课题研究的目的是解决问题，而不是夸夸其谈。我们每次开展征文活动、课题申报、培训班征求意见，都会进行汇总，给各处去抓落实的，而不是文章写完了、意见提完了，就不管不顾。要找到找准我们工作中的问题，提出解决问题的建议，而且这些建议要有可行性和实际的效果，能够真正指导工作。少在战略上谈，多在战术上谈，不要在宏观上过度研究。在战略上，我们案件管理的职责、思路、机制、重点、方式等基本内容都已经明朗，四梁八柱都已经确立。比如 12345 工作思路基本成型，不需要在宏观管理上再做过多的争论，更多的是要考虑在这个大框架下如何在战术上落实，在微观、中观上倾斜用力，多做应用型研究、实证型研究，绝不能坐而论道、夸夸其谈。

第三，要突出时代特征。习近平总书记强调，只有聆听时代的声音，回应时代的呼唤，认真研究解决重大而紧迫的问题，才能真正把握住历史脉络、找到历史规律，推动理论创新。检察案件管理理论研究也要遵循这一要求。要突出新时代，不能拿前 8 年、前 10 年、前 20 年的思维论断放在现在，在新时代就要有新时代特征。从讲政治上要坚持习近平法治思想。我们的研究不能脱离现实，不能脱离时代背景。要立足于检察新时代工作，不管研究哪些课题都要结合新时代，没有涉及新时代检察机关“高质效办好每一个案件”，没有涉及检察履职的基本价值追求，就没有时代特征。要立足案管工作这个新时代，案管四梁八柱已经确立，我们的课题如果不涉及案管工作的思路要求，不涉及已经研究出来的理论成果，还在平地起高楼，那就不可以。研究每一个课题都要看到我们现有的理论和实践成果，在这基础上去发展，站在前人的肩膀上去创新，才叫立足于新时代，突出时代特征。我经常说省院的主任要学会“抄作业”，实际是相互参考学习借鉴，大家都要学会这一点，在原有的基础上去研究。比如《关于加快推进新时代检察业务管理现代化的意见》已经出台，“以检察长、检察委员会宏观管理为统领，业务部门自我管理为基础，案管部门专门管理为枢纽，相关部门协调管理为保障”的立体化、全方位检察业务管理体系已经确立，我们就要研究在这个体系中应该怎么做、怎么往前走。

第四，要开拓研究视野。理论研究不能闭门造车，不能局限于一时一地。案件管理的理论研究比较薄弱，这也是我们大力开展课题研究的主要原因，之所以薄弱就是学界对这块不重视、不了解。这次政治部说要请一些大学老师到实务部门来讲课。我们提出了一个意见——请一些业务管理方面的教授来讲课，政治部也采纳了意见，但找遍了也没找到这方面的教授。司法管理这方面的研究，还是要靠我们实务工作者、实务部门的同志研究理论，我们的长处就是接地气。在时间跨度上，研究一个课题，要厘清它的过去、现在和未来。下笔之前要明白为什么要设定这个课题？这个课题、这项制度是怎么来的？现在是怎么执行的？下一步要怎么做？只有把过去搞明白了，才能发现现在的问题，才会展望未来。在地域范围上，既要有地域特点，又不能局限于本省、本市。要展望全国的案管、全国的检察，甚至全国的司法，一定要延伸出去，甚至要做一些中外的比较、国内相关司法部门的比较、检察机关内部的比较研究。在研究对象上，不能够停留在案件本身和案件管理本身，一定要从案件管理工作的未来发展、检察工作的未来发展或者检察业务管理现代化、检察工作现代化角度来研究。不谋全局者，不足谋一域。要站在全局角度来考虑课题。我们往往就课题研究课题，写得花团锦簇，想要用的时候寸步难行，因为没联想到案管的发展，没联想到检察工作的发展。

第五，要出精品成果。所谓精品，自己对课题成果要做到问心无愧，而不是这件事情办完就结束。首先，一定要直面真问题。我们有些工作在低水平徘徊，就是因为我们解决的问题少。我一直强调树立目标导向和问题导向，目标导向就是往哪个方向走，问题导向就是往这个方向走的时候，遇到问题要解决。有些问题你绕着走，看似是走过去了，其实问题没解决。我们工作要是没有理论的指导，实践始终是在低水平的重复和徘徊。其次，要真正解决问题。特别是这次我们还确定了六个方面的专项研究课题，检察业务数据应用、案件质量评查、数据质量核查、案件流程监控、案件管理信息化建设、人民监督员制度等实务。切忌认为搞课题就是写一篇文章，要从实务上来解决这些问题，同时还要把这些实务上的问题上升到理论层面。最后，要做好成果的转化。成果转化，要有课题结项，要有论文，但这些都是形式上的要求，最终要转变成我们工作的制度、机制和规范要求，形成我们的实质生产力，不是研究完了就束之高阁，不能产学研相脱节。我们在实务部门，知道案件管理走到了哪里、发展到了哪里，更要把我们的研究成果实实在在转化出来，这才是真正的作贡献。

第六，要按要求结项。申请课题结项必须要在权威期刊、知名期刊发表，权威期刊、知名期刊的范围按照《检察系统权威、知名报刊名录》执行。当然，在《检察业务管理指导与参考》发表也未尝不可，但是这要经过专门的审查。研究成果应当有更好更突出的理论效果和实践作用。另外，稿子只要刊用，哪怕还没有刊发，但收到相关期刊的用稿通知书后也可视为刊发。关于结项时间，公告中明确的是9月30日，为了给大家更多研究时间，我们决定改为11月30日。2023年，16个课题中有2个课题组未能按要求结项，我们按规定作出不予结项的决定，希望今年这20个课题都能按期结项。各课题组要抓好课题研究的组织与实施，不管人多人少，工作紧张还是宽松，一定要把课题研究摆在重要的位置，谋定后动、谋定快动。

第七，要抓好经费管理。这次课题资助经费，在课题立项后支付50%，剩余经费在课题成果通过结项评审后一次性支付。课题资助经费不多，但不论多与少，我们会严格管理使用，避免在这方面出问题。对于审定结项的课题，我们会及时发放剩下50%的经费。但对于审定未结项的课题，不仅剩下的经费不会发，到手的也要收回。当然，希望大家不要临近结项时间了再申请延期，或者再讲其他客观原因。

选出20个立项课题，既是对个人研究能力的肯定，也是最高检案管办对大家寄予的厚望，希望每一个课题都能够高水平的顺利结项，给案件管理理论研究的发展添砖加瓦！

理论前沿

LILUN QIANYAN

科学管理理念在检察机关案件管理中的应用研究

荣志海　罗成章*

目　次

现代社会中，人类社会有组织的活动规模越来越大，协作的范围越来越广，组织化程度的不断提高对管理产生了强烈的需求，也使得管理活动在决定组织绩效方面扮演了越来越重要的角色①。管理的重要性体现在其价值性，管理的最终目的是实现组织目标，科学有效的管理活动的目的是提高管理效率、实现管理效果。检察机

* 荣志海，青海省海西蒙古族藏族自治州人民检察院综合业务部主任，四级高级检察官；罗成章，青海省海西蒙古族藏族自治州人民检察院法律政策研究室主任，四级高级检察官。

① 厉伟等编著：《管理学》，南京大学出版社 2017 年版，第 3 页。

关案件管理同样遵循管理活动的一般原理和价值目标追求标准，同时遵循着办案规律。案件管理工作是一项综合性业务工作，具有检察机关内部监督制约、规范检察权运行、服务司法办案和领导决策等诸多职能。从检察机关案件管理的发展历程来看，更新管理理念、创新管理方式一直伴随着案件管理工作的发展，案件管理的创新发展一直依赖科学管理理念的引导。科学管理理念对促进案件管理质效，实现高质量案件管理目标具有重要意义。分析和研究案件管理工作中实现科学管理的方法和路径，对服务检察工作高质量发展具有参考价值。

一、青海省海西检察机关案件管理存在的问题和原因分析

案件管理自检察机关成立以来就存在，并随着检察制度的发展而不断发展，经历了从分散管理到集中管理的转变，案件管理能力和水平持续提升。从青海省海西检察机关实际情况来看，依然存在一些制约案件管理质效的问题。

第一，案卡信息迟填、漏填、错填等问题长期存在。一方面是系统功能不完善原因，检察业务应用系统的信息智能填录和逻辑判断预警提示功能不够完善，一些案卡不规范填录问题不容易实时发现。一些院在使用第三方软件公司开发的数据校验工具辅助数据监管，但数据校验工具的校验规则设置不全面，许多案卡填录问题不能发现。另一方面是案管部门数据监管责任人员和案件承办人员的填录主体责任履行不到位。最高检印发的《检察业务数据管理办法》对案管部门和办案部门在案卡信息填录中承担的职责进行了明确的划分，但在实践中一些案件承办人和辅助人员责任心不强，仍然做不到案卡填录与实际业务办理同步进行，不能准确、规范、同步、完整填录案卡信息。案管部门也存在着疏于监管的问题。

第二，政法信息共享的程度较低。目前，部署在检察业务应用系统 2.0 上的政法跨部门协同办案平台的主要功能是收送案处理，其他政法信息尚未实现共享。公安机关还是对纸质侦查卷宗进行扫描生成电子卷宗，没有实现结构化数据的“数字卷宗”。这些情况对检察机关开展全流程数字化案件管理形成制约。

第三，业务数据分析的质量普遍不高。以“案 - 件比”为核心的案件质量评价体系的设计和业务数据分析研判会商机制，对检察机关提升办案质量发挥了积极作用。但检察业务应用系统的业务数据指标自动测算、数据分析报告自动生成的功能还不够完善，上级院对基层检察院制作业务数据分析报告的培训力度和指导力度还不够，导致基层检察院制作业务数据分析报告时，主要精力花费在数据采集、指标测算上，与业务部门沟通少，结合党中央决策部署、政法工作要求、刑事司法政策、检察重点工作分析少。制作的业务数据分析报告分析问题不深入，提出建议不精准。加之业务数据分析报告时效性强，一些院还存在敷衍了事的情形。业务数据分析的质量普遍不高，对服务司法办案和领导决策的参考价值打了折扣。

第四，业务数据监管的刚性不足。一方面是一些院对案件管理的重要性认识不够，案管部门与其他部门合并，事务繁杂但人员紧缺，管理工作难以打开局面。一些院存在办案人员不愿被监督，案管人员不敢去监督的情形。另一方面是案管人员业务能力不足，对办案流程、数据填录、文书制作等要素把握不准，不善于监督。

第五，案件质量评查的质效不高。主要是没有实现检察业务应用系统与档案管理系统的对接，档案管理系统制作的电子版检察诉讼卷宗不能上传共享到办案界面中。全省也没有专业的案件质量评查系统，检察业务应用系统 2.0 的案件评查模块功能有限，案管部门组织的案件质量评查活动仍然以线下纸质卷宗评查为主，参与评查的检察官配合协作主动性不强、重视程度不高，案件质量评查的效率和效果不佳。

第六，涉案财物没有实现集中管理。在司法实践中，涉案财物随案移送，增加了司法成本和管理风险。刑事诉讼活动“重人轻物”往往出现案结而涉案财物没有及时处理的情况。由于管理不善，有些涉案物品经过环节较多，发生了权责不清等问题。涉案财物管理存在的问题不仅影响了刑事诉讼活动的正常进行，不利于保障当事人的合法权益，也损害了司法机关公信力。

上述问题说明，在案件管理过程中，存在着许多管理“不科学”的地方，需要科学管理理念在案件管理工作中加以指导和改进。

二、科学管理理念应用于案件管理需要厘清的几种关系

首先要厘清案件管理中的几种关系，才能运用科学管理理念有的放矢、精准指导案件管理工作，为研究提升案件管理质效的方向和路径作铺垫。

一是案件管理与实现目标的关系。管理的最终目的是实现组织目标。管理是为实现组织目标服务的，是有意识、有目的而进行的活动。在组织中进行管理活动，其最终目的就是实现组织的预期目标，否则管理就失去了意义①。做好检察机关案件管理工作，首先要明确案件管理工作的主责主业，最终要实现的目标和价值追求，以目标实现的效果作为评价案件管理工作成效的标准。案件管理通过履行内部监督制约、规范检察权运行、服务司法办案和领导决策等诸多职能，最终目的就是提高管理效率和效果，提升办案质量，追求公平正义。

---

① 厉伟等编著:《管理学》，南京大学出版社 2017 年版，第 5、6 页。

二是案件管理与人的管理的关系。管理的主要对象是人。为了保证组织活动的有效顺利进行，需要管理者带领组织成员共同为实现组织目标而努力。如何保证组织成员发挥个人最大的潜在价值，是管理工作中要关注的重点问题①。检察机关案件管理工作是一项综合性较强的工作，需要案管人员具备政治、法律、信息技术等多方面素养。需要设置不同梯次的管理者，有序把握案件管理工作进程和落实上级院案管工作要求。同时要注重人员培训和岗位练兵实践，持续建设好案管队伍，为做好案件管理工作奠定基础。

三是案件管理与工作协调的关系。管理的实质在于协调。管理工作是一个协调活动的过程，组织协作过程中存在着大量的矛盾和不平衡，管理工作要通过协调活动解决矛盾，形成一致②。检察机关案件管理工作涉及面广，横向上与各部门、其他司法机关有关联，纵向上需要上级院案管部门指导和落实上级院工作要求。在服务领导决策过程中，还要贯彻落实提升办案质量的要求和举措，需要案管部门善于通过有效协调解决矛盾冲突，高质效实现案件管理目标。

四是案件管理中内外环境的关系。管理必须关注内外部情境。有效的管理活动必须充分考虑组织外部和内部的特定条件，忽视其中任何一个方面，都有可能导致管理活动的偏差③。一方面要分析检察机关机构改革和最高检对案管工作的职能定位，正确认识开展案件管理工作存在的困难和努力的方向。另一方面要分析当今数字化时代对案管工作带来的机遇与挑战，把推进政法信息共享和案件管理智能化建设作为提质增效的重要途径。

① 厉伟等编著：《管理学》，南京大学出版社 2017 年版，第 5、6 页。
② 厉伟等编著：《管理学》，南京大学出版社 2017 年版，第 5、6 页。
③ 厉伟等编著：《管理学》，南京大学出版社 2017 年版，第 5、6 页。

三、 科学管理理念对案件管理工作的重要意义

明确了案件管理工作的职能定位。检察机关早期的案件管理由各业务部门自行开展，是分散式管理，体现出办案与管理交叉混合、案件管理质效不高的特征。2011 年，最高检成立案件管理办公室，全面推进案件集中管理工作，实行办案与管理分离。2021 年 10 月，在全国检察机关第二次案件管理工作会议上，最高检提出“把握案管部门作为检察业务工作中枢的职能定位，突出监督管理和服务保障两大主责”①，明确了案件管理部门的职能定位和主责主业，这是对案管工作的实践总结和科学定位，为案件管理工作如何提质增效指明了方向。

明确了案件管理工作的价值追求。实现新时代检察职能建设，案件管理系于不止一半。以科学的案件管理促进优质办案，为人民群众提供更优质的法治产品、检察产品是案件管理的价值追求。案件管理工作要服务司法办案“高质效办好每一个案件”，规范司法办案行为，引导检察人员监督办案守牢司法为民“初心”、司法公正“核心”，让人民群众在每一个司法案件中感受到公平正义。

明确了案件管理工作的发展方向。当前，检察信息化工作进入智慧化时代，案件管理工作迫切需要同频共振迈上新台阶，实现案件管理的智能化。案件管理的智能化即“智慧案管”。② “智慧案管”建设理念契合了数字化时代和人工智能发展背景，是将司法办案与案件管理智能化融合，是案件管理信息化向更高阶段发展、推动案件管理工作提质增效的重要途径。

---

① 童建明：《构建新时代检察机关案件管理工作新格局 为促进检察工作高质量发展提供坚强管理保障》，载《检察日报》2021 年 10 月 28 日第 2 版。

② 申国军：《“智慧案管”体系建设与实施路径》，载《人民检察》2021 年第 21—22 期。

四、落实检察机关案件管理科学管理理念的方法和路径

为提高管理效率和效果，提升办案质量，实现公平正义的价值追求和目标，检察机关案件管理要在厘清案件管理几种关系的基础上，立足其职能定位和主责主业，从案件管理队伍建设和机制建设两个方面落实科学管理理念，提升管理质效。

（一）检察机关案件管理队伍建设

案件管理队伍建设的关键是人员素养的提升，同时要为案件管理队伍的良性发展提供有利环境。

1. 案件管理人员需要具备政治素养。最高检党组强调，检察机关是党绝对领导下的国家法律监督机关、司法机关，讲政治是第一位的要求。① 案件管理人员首先要以习近平新时代中国特色社会主义思想和党的二十大精神为指导，从习近平法治思想中探寻创新推进检察工作的思路和方法。案件管理人员要牢固树立以人民为中心的司法理念，不断提升政治素养，为做好检察工作奠定思想基础。案管人员掌握着大量的案件信息，还要提高保密意识和纪律意识，严格执行案件信息公开审批和发布规定，确保不出现数据泄密和引发网络舆情的情形。

2. 案件管理人员需要具备法律素养。案件管理部门是检察业务工作的中枢，具有监督管理、完善检察权运行的重要职责，案管人员要做好案件流程监控、数据监管、案件质量评查等工作，离不开扎实的法律知识基础作支撑。同时，案管人员必须树牢依法管理理念，要认真学习掌握案件管理相关规定，依法依规开展案件管理，

---

① 《奋力续写新征程以检察工作现代化服务中国式现代化新篇章（应勇主持并讲话）》，载《检察日报》2023 年 3 月 17 日第 1 版。

做到监督有据、管理到位。通过有效的案件管理，落实办案责任制，提升办案质量，力争实现高质效办好每一个案件，让人民群众在每一个司法案件中感受到公平正义。

3. 案件管理人员需要具备信息技术和统计分析素养。案件管理工作离不开大量的数据统计分析，需要案管人员具备一定的信息技术和统计分析能力，熟练掌握和运用WPS办公软件，以提升案件管理监督、服务质效。海西州检察院的两个应用场景就很好地凸显了这种管理效果。

（1）应用场景一：数据自动采集助力业务数据分析研判。基层院普遍存在人工方式采集、测算大量数据指标，占据了分析报告制作的大部分时间和精力，影响了分析研判的质量和时效性的情况。海西州检察院案管部门通过运用WPS软件中表格数据链接、函数公式统计、选择性粘贴链接等功能，实现在短时间（1小时内）完成报表数据自动采集、数据指标自动测算、自动生成综合业务数据分析报告，极大地压缩了数据采集时间，将主要精力投入对数据的分析研判，提升了业务数据分析报告制作效率。实现过程如图1所示。

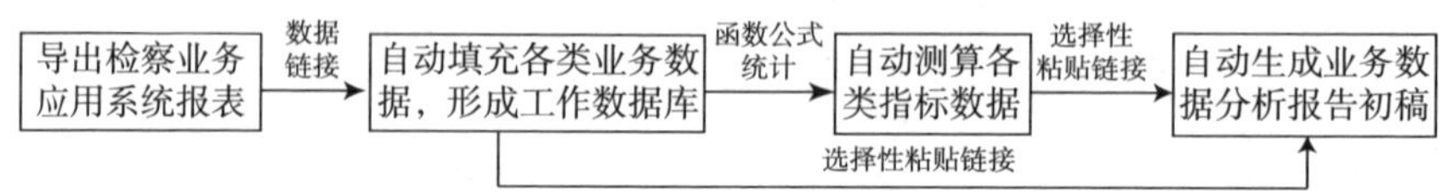

图1

（2）应用场景二：对检察建议和纠正违法通知书实施集中、高效管理。制发检察建议和纠正违法通知书是检察机关实施法律监督的重要方式，对检察建议和纠正违法通知书的统计分析反映了法律监督的成效。在实际工作中，检察建议和纠正违法通知书散落在检察业务应用系统各类案件中，其受理、制发、回复采纳、上报审查等情况在实时更新，围绕它们出现的案卡信息迟填、错填、漏填，导致统计报表数据失真；办案人员疏于跟踪监督，导致超期回复；

未认真执行检察建议备案审查，导致超期备案审查或者不备案审查等问题总是反复出现，成为数据监管的难题，也影响了检察建议和纠正违法通知书的统计分析。为有效解决这些问题，海西州检察院案管部门运用 WPS 表格信息技术探索实现对法律监督活动的集中高效管理。通过开展日常的案件查询、报表数据反查列表数据比对，构建监督数据库（表格），形成法律监督活动电子台账。对监督数据库中的检察建议和纠正违法通知书在回复期限届满 3 日前和制发检察建议后 5 日内备案审查设置自动预警提醒，促进法律监督活动从“办理”向“办复”积极转变，落实检察建议制发 5 日内向上级院“双备案”规定。监督人员集中批量监管统计案卡填录问题，及时关注法律监督活动动态变化情况，有效纠正数据迟填、错填、漏填现象，进一步保证报表数据准确性。对已完成监督的检察建议和纠正违法通知书名称利用条件判断和“条件格式”功能标注颜色，减轻监督人员监管工作量，实现人性化管理。利用数据透视表统计汇总和数据链接功能，实时统计检察建议和展示法律监督成效。海西州检察院对全州检察建议和纠正违法通知书的集中、高效监管，既减轻了基层检察院监督压力，又有效保障了法律监督活动数据准确和规范操作。实现过程如图 2 所示。

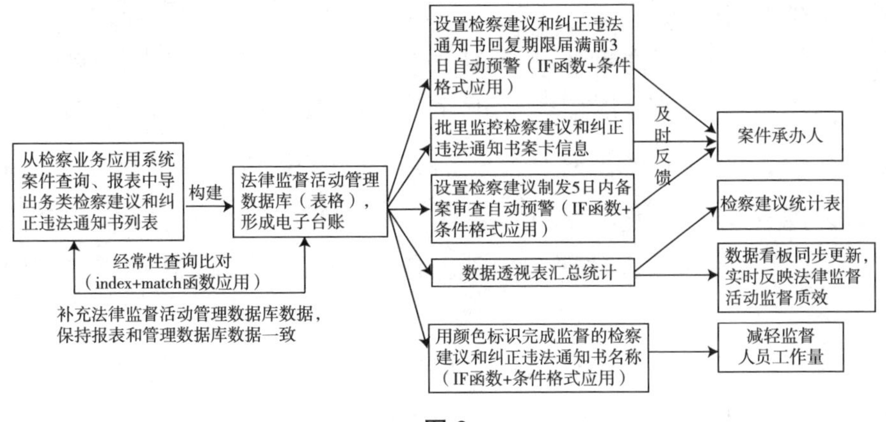

图 2

4. 案件管理人员需要具备沟通协调素养。案件管理综合性强，是检察工作的中枢，与多个部门有着联系，因此案管人员具备良好的沟通协调能力十分重要。对于案件流程监控、数据监管工作，与办案部门、检察官建立良性互动，要做好预警提示和业务探讨，共同分析数据背后的问题，研究解决办法。省级、州市院案管部门要充分发挥承上启下作用，改变“上下一般粗”的案管职责配置，落实上级院部署安排的同时，帮助下级院培养人才、解决困难，特别是定期下发各院案件质量主要评价指标测算指标，让下级院通过横向、纵向对比，明确业务工作短板弱项和努力方向。对于业务数据分析研判，案管部门不仅要与业务部门交流沟通，还需要与政法委、发改委等部门加强联络，掌握当地的社情民意、经济形势等情况，围绕国家安全、社会大局、经济发展、民生保障等党和国家的中心工作，围绕认罪认罚从宽制度落实、宽严相济刑事政策、以“案－件比”为核心的案件主要评价指标等检察机关的关注重点开展分析研判，提出更具参考价值的对策建议。同时，案管部门还要与政工、检务督察部门加强互动，做好绩效考评、线索移交、责任追究，共同落实检察人员办案责任制。

5. 做好案管部门管理者的梯次建设。案件管理工作是否有效开展，中枢作用是否有效发挥，案管部门负责人（即管理者）是关键。各级院党组要高度重视案管工作，选好配齐案管部门管理者。案管部门负责人最好由检察官担任，能够参加党组会议、检委会等重要会议，准确了解和把握检察重点工作部署和政治形势要求，有的放矢地控制案管工作方向和进程。案管部门负责人要认真分析岗位需求和人员特点，统筹规划、合理分工，推动案管工作均衡发展。

6. 为建设案件管理队伍提供良好氛围和环境。各院党组要真正重视案件管理部门的中枢作用，选派精兵强将充实案管岗位，稳定案管队伍，提升案管地位。同时，要经常性地开展岗位练兵和案管业务培训，不断充实案管人员知识结构，强化案管人员履职能力。要运用好对口受援交流平台，每年有计划地选派一些案管人员到先进地区人民检察院挂职交流，汲取案件管理先进工作理念和经验做法，辐射带动本地区案管工作提档升级。

（二）检察机关案件管理机制建设

《数字中国建设整体布局规划》指出，建设数字中国是数字时代推进中国式现代化的重要引擎，是构筑国家竞争新优势的有力支撑。身处数字时代，检察机关案件管理也要与时代同频共振，在机制建设方面探索创新，用数字化、智能化方式改进案件管理质效，提升服务检察工作的能力。

1. 健全职责明晰的分级管理机制。各级检察机关案管部门的管理工作各有侧重点，上下一体管理运行，共同推进检察业务工作健康发展。最高检和省级院重在宏观管理，发挥主导作用，把业务数据分析研判会商、案件质量管理宏观指导、案卡标准化设计、制定案件质量评价指标和“智慧案管”顶层设计作为核心业务，建立科学的评价考核机制，引领案件管理工作健康发展。市州级院重在中观管理，发挥承上启下作用，在抓好自身业务数据监管、案件流程监控的同时，重点做好业务数据分析研判会商和案件质量评查工作，加强案件质量的提升和对基层院案件管理工作的指导。基层院重在微观管理，发挥基础作用，在做好日常性、基础性工作的同时，将业务数据监管、案件流程监控作为核心业务，保证业务数据真实、准确，为服务司法办案和领导决策提供可靠依据。

2. 探索建立案件质量管理工作机制。对于已办结的案件，探索建立办案人员自查、办案部门组织核查的案件质量检查工作机制，将其作为案件归档前的必经程序。通过案件质量检查，及时发现和纠正案件在事实认定、证据采信、法律适用、办案程序等方面存在的问题。对于已归档案件，及时进行电子档案制作，并与检察业务应用系统无缝衔接。省级院、市州院案管部门根据最高检《人民检察院案件质量评查工作规定（试行）》《人民检察院案件管理部门案件质量评查要点指引（试行）》等指导性评查标准，充分考虑“四大检察”业务工作特性，制定可以量化、方便操作的评查细化指标，借助电子档案和检察业务应用系统组织开展网上案件质量评查活动。依托网上评查优势，组建全域案件质量评查队伍，适当采取交叉评查、提级评查、异地评查方式，促进案件质量评查工作质效提升，评查结果等次更加客观准确。同时，注重评查结果等次运用，引导办案部门针对评查发现的问题，研究制定长效整改机制，推动类案治理。

3. 完善政法信息共享机制建设。《中共中央关于加强新时代检察机关法律监督工作的意见》提出，加强检察机关信息化、智能化建设，运用大数据、区块链等技术推进公安机关、检察机关、审判机关、司法行政机关等跨部门大数据协同办案，实现案件数据和办案信息网上流转，推进涉案财物规范管理和证据、案卷电子化共享。从青海省政法跨部门大数据协同办案平台的应用来看，目前平台主要实现了政法部门之间收送案处理，信息共享的程度还很低。从近期青海省数字检察工作开展的情况来看，检察机关无法直接从政法跨部门大数据协同办案平台获取监督数据，需要与相关司法部门协商解决，存在着数据壁垒，对检察机关贯彻数字检察理念，依法开展法律监督形成障碍。从提升检察机关案件管理能力和法律监督质效角度出发，检察机关在完善政法信息共享机制建设上要做两方面努力。一方面，检察机关要与其他政法部门主动沟通协调，向政法委积极建言献策，推动政法信息共享统一数据标准、访问接口、访问权限等技术规范，有机整合各司法机关现有信息系统，实现政法信息数字化互联共享，为实现检察机关数字案管打造外部环境。另一方面，检察机关案管部门要对获取的政法信息实现统一、规范管理，将分散在不同部门的各类数据统一管理、整合共享，通过建设系统化、标准化、专业化的检察数据库打造检察大数据平台，在保证数据安全的基础上，实现对共享数据的深度应用。

4. 构建涉案财物集中管理机制。构建涉案财物集中管理机制是实现涉案财物妥善保管、规范处理的有效途径，其建设思路体现在几点：一是申请专项资金，设立涉案财物集中管理中心，由专人保管涉案财物，及时、规范接收和处理涉案财物，并保证涉案财物的安全性。二是对涉案财物依据涉案财物集中管理中心出具的单据采用流转、财物静止的方式随案移送，公检法在各自的刑事诉讼阶段对涉案财物行使控制权。三是对涉案财物实行信息化管理，高效管理涉案财物出入库，提高办案效率。同时对案件流程进行监督，提醒案件承办人及时处理涉案财物。

5. 实现“智慧案管”体系架构。2023 年 7 月 25 日，全国检察机关“智慧案管”建设专题培训班在最高检北戴河检察技术保障中心举办，最高检案件管理办公室主任申国军结合学习贯彻习近平新时代中国特色社会主义思想主题教育、贯彻落实数字检察战略，为“智慧案管”建设专题培训班带来开班第一课——《抢抓时代机遇　积极稳健推进　以数字案管有序开展促进数字检察全面深化》。申国军主任在授课时指出，“数字案管是在数字检察整体规划下，依托信息化系统，充分、深度运用大数据，最大限度释放数据要素价值，促进案件管理更加科学，推进检察工作现代化。进行数字案管建设，就要优化对检察业务数据的汇集、整理、运用，努力构建数字化分析研判体系、数字化指标评价体系、数字化数据核查体系、数字化流程监控体系、数字化质量评查体系。”① “智慧案管”是“智慧检务”整体布局的有机组成部分，实现“智慧案管”是数字检察背景下提升案件管理质效的重要途径。检察机关内设机构改革后，市县两级检察院案件管理部门重组为综合部门的不在少数，同时承担法律政策研究、检察委员会办公室、信息技术等多项业务，部门人员少、人才更少、任务重的问题比较突出，短期内难以解决。“智慧案管”建设已经成为提高案件管理工作质效、破解履职难题的根本途径，其体系架构设计复杂、技术要求高、智能化程度高，需要最高检顶层设计、一体推进，部署在全国检察业务应用系统中，实现案件管理现代化，助力检察工作现代化发展。

① 常璐倩：《为案件管理插上“数字之翼”——全国检察机关“智慧案管”建设专题培训班侧记》，载《检察日报》2023 年 8 月 2 日第 1 版。

运用“三段联动提升法”缩短办案期限

——关于探索刑事审查起诉案件审限管理的微观路径研究

高德清*

目　次

* 高德清，浙江省丽水市缙云县人民检察院党组书记、检察长。

刑事审查起诉案件审理期限管理是当前检察机关，特别是基层检察机关面临的突出任务。目前，审限管理的核心要义在于有效缩短审限。Z 省 L 市 J 县人民检察院从 2021 年 12 月开始，坚持缩短审限与提高审结率、减少长审限案件相结合，系统加强审限管理，取得了明显成效。2023 年 1—11 月新收案件 474 件，已审结 435 件，审结率达 91.8%，案均审限 35.8 天，比 2021 年同期缩短了 21.5 天；办理的 528 件案件（含 2022 年结余 54 件）中，已审结 466 件，审结率达 88.3%，案均审限 51.2 天，比 2021 年缩短了 28.9 天，但案均审限比全国长 6.6 天，需要从正反两方面总结反思。加强审限管理，除了人们通常所关注的思想动员、健全机制外，从办案人员个体出发，实行微观改进，加快办案节奏，也是非常重要的方面。为此，本文通过定性分析与定量分析、总体分析与随机抽样分析相结合的方式，就探索刑事审查起诉案件审限管理的微观路径进行了调研。

一、 问题梳理

通过分析 2023 年 1—11 月办理的案件，发现影响审限的微观因素不同程度地存在于办案行为启动、办案过程推进和办案措施衔接三个环节。对此，办案人员在工作中虽然作了不少努力，但是自觉性、系统性，特别是具体性还不够，仍有很大的提升空间。

（一）在入手时间上存在“迟”的现象

一是提前介入中的“迟”。共接到监察、侦查机关邀请提前介入案件 47 件。接到邀请后，刑检部门一般都可以指定办案人员当天提前介入，但也有的案件次日才介入。二是开展预审中的“迟”。共对 277 件案件开展预审，审查确认管辖权、材料是否齐全等程序性问题，研判案件难易程度。从收案到启动预审，案均时长为 1.6

天，但也有个别案件达到6天；预审率仅53.3%，有46.7%的案件未作预审。三是启动审查中的“迟”。从收案到启动实质审查，案均时长为6.5天，但有的案件达到15天以上。四是讯问询问中的“迟”。从收案到启动讯问询问，案均时长为12.1天，有的案件达到20天以上。五是启动补证中的“迟”。共有69件案件通过退回补充侦查、自行补充侦查、简易补证、重新鉴定等方式补充证据，从发现需要补证到启动补证，案均时长为11.6天，有的案件达到20天以上。

（二）在审查速度上存在“慢”的现象

一是审阅案卷中的“慢”。有的办案人员阅卷速度较快，平均每页笔录需1.5分钟，而有的办案人员较慢，平均每页需2.5分钟。办案人员案均阅卷时长为17.8小时，有的办案人员达到30小时以上；以天数计算，从开始阅卷到阅卷完毕，办案人员案均间隔时间为3.0天，最长的办案人员5.0天。二是作出决断中的“慢”。从阅卷完毕到作出决断，办案人员案均持续时间为6.0天，最慢的28.0天。三是辩难析疑中的“慢”。从发现疑难问题、较大分歧，到最终得出结论，办案人员案均持续时间为11.1天，有的达1个月以上。四是撰写文书中的“慢”。形成观点后，到撰写出完备的法律文书，办案人员案均用时为7.0小时，有的达到10.0小时以上。五是自行补侦中的“慢”。自行补充侦查的案件中，从决定自行补侦到补侦完毕，办案人员案均间隔为10.2天，个别办案人员达到20天以上。各种“慢”的因素结合在一起，导致办案人员案均审查时间达到32.1小时，个别速度较慢的办案人员甚至达到50.0小时。

（三）在工作衔接上存在“散”的现象

一是捕、诉衔接中的“散”。有的办案人员收到审查逮捕案件后，对在办的审查起诉案件未固定办案成果就立刻暂停办理，恢复办理时就需要重起炉灶。二是诉、诉衔接中的“散”。同一办案人员对承办的不同审查起诉案件之间未能做到同时审查、先后审查、穿插审查三种方式的衔接和合理搭配，存在半途而废、东一榔头西一棒槌的现象。三是检、侦衔接中的“散”。退回侦查机关补充侦查后，跟进不够，存在退侦时间过长的现象，案均退侦时间为 26. 3 天。四是诉、监衔接中的“散”。未能正确处理审查起诉与诉讼监督的关系，常常出现监督完成再审结的现象，拉长了审查起诉时间。五是审、议衔接中的“散”。等待员额检察官联席会议、检委会讨论时间平均为 2. 1 天、12. 8 天。同时，还存在办案人员审查起诉与行政事务之间衔接散的现象。

二、 原因分析

以上问题的存在，是多种原因不同程度综合所致，既有办案人员主观认识方面的原因，也有工作方法上的原因，同时还有个体能力上的原因。

（一）主观认识固化

一是存在意识不强的现象。有的办案人员没有意识到缩短审限就是维护公平。有的责任心不够，认为审限管理是部门主任的事，自己只要按部就班、按照自己的节奏办案就行。有的退查案件到期限截止的最后一天才退查，认为没超审限就没事，有的简单案件也是审查了一个月、一个半月。二是存在变通不够的情形。对于影响办案节奏的习惯，没有想到去优化改进；对于影响办案节奏的情况，积极应对不够，单纯、僵化等待其他单位就关联案件作出决定的现象尤为突出，个别案件长达数月。三是存在被动等待的情况。在遇到补充侦查、需要提交集体讨论、存在信访风险等情况的时候，不是催促，而是单纯地等待。例如，对提交检察委员会讨论的案件，就一度存在提交不及时的现象，需要检察委员会办公室催着提交；退查案件单纯等待侦查机关退查期满最后一天重报；对于有信访风险的案件，有拖延现象。有的依赖提醒、监管和办案系统提示。四是存在要求不高的心态。有的办案人员有畏难情绪。有的办案人员手中案件一旦少下来后，不是乘胜追击，反而“小富即安”，放松节奏，松口气歇一歇。五是存在审限认识的偏差。关注羁押案件的审限，却默认取保候审最长期限就是审限，混淆了强制措施最长期限与审限、误读了办案系统提示的内涵；一度对审结率较为关注，对审限关注不够。

（二）办案方法不当

一是办案次序不当。突出表现为在疑难复杂案件与简易案件之间、羁押案件与非羁押案件之间，一味地先办简易案件、羁押案件，拖延办理疑难复杂案件、非羁押案件，导致这两类案件的办理时间越拖越长。二是阅卷次序不当。有的办案人员对客观性证据与主观性证据不加区分，往往先看客观性证据，再看主观性证据；有的办案人员单纯按照公安机关卷宗排列顺序阅卷，导致不能在最短时间把握关键案情。三是阅卷方法不当。有的办案人员不善于对照移送审查起诉意见书阅卷，缺乏针对性；有的办案人员未能跳出移送审查起诉意见书阅卷，对第一次讯问询问笔录以及关键笔录重视不够，不利于迅速厘清案情。有的办案人员对阅卷和摘卷的关系处理不当，阅归阅、摘归摘，重复阅卷。有的办案人员阅卷时害怕遗漏，作大水漫灌式摘录，削弱了摘卷的意义，给后续梳理证据、认定案情带来了困难。有的办案人员对电子卷宗还不够完全适应。四是连续审查不够。有的办案人员受到其他事务影响、打断审查时，寻找应对方法不够，连续作战、一口气审查不够。五是集中精力不够。突出表现为手机干扰，上班时间办案人员平均每间隔 11.3 分钟查看一次手机，妨碍了深度思考和加快办案节奏。

（三）办案能力欠缺

一是法律功底欠缺。办案人员中不同程度存在对证据规则、罪名理解不够的现象，遇到疑难问题、新型问题、不常见问题时，难以作出决定，感觉诉不是、不诉也不是，越拖越久；对证据进行综合分析的能力不强，不会按照构罪要件梳理证据；找法条速度较慢。二是阅读能力欠缺。有的办案人员从案件材料中迅速查找要点不够熟练，不会摘录要点，不清楚哪些应当摘录、哪些不需要摘录，存在眉毛胡子一把抓的现象。不少办案人员不熟悉、害怕审查银行账目，花费时间较长。三是写作能力欠缺。有的办案人员撰写法律文书时，难以根据写作的一般要求，做到条理分明、详略得当，存在长而不当的现象，耗时长、效果差。四是打字能力欠缺。办案人员中几乎无人会完全盲打；平均打字速度为每分钟 70.8 个字，最慢的 36 个字，影响了办案速度，也影响了打字时的同步思考。五是协调能力欠缺。办案人员中不同程度存在不愿协调、不会协调、不敢协调的现象，遇事或者独自扛或者拖延等待。同时，也有同志，特别是一些刚入职的同志对办案系统不够熟悉，影响办案速度。

三、对策思路

从微观上加强审限管理，就要发挥办案人员的主体作用，从办案人员的日常办案行为切入，在办案行为启动、办案过程推进和办案措施衔接上实行“三段联动提升法”，短平快地取得效果。在此基础上，促进办案人员提高认识、增强办案能力，结合制度机制建设，巩固审限管理成效。

（一）最大程度压缩启动时间

一是第一时间提前介入。要求刑检部门接到监委、侦查机关提前介入邀请后，一个小时内指定办案人员当天介入，做到先期熟悉案情、审查工作前移。二是第一时间预审。要求案管部门收到案件后，当天研判是否有管辖权、材料是否齐全等程序性问题；刑检部门收到案件后，当天派员研判案件难易程度，为繁简分流打下基础。三是第一时间审查。要求办案人员接收案件后，在其他先收案件办理完毕或者手头紧急事务处理完毕后的当天启动阅卷，开展实质审查。四是第一时间讯问。要求办案人员初步审查案件后，在基本熟悉案情的基础上，尽快对犯罪嫌疑人开展讯问。五是第一时间补证。要求办案人员研判认为需要补证时，立即撰写退回补充侦查决定书、退查提纲和重新鉴定意见书，定稿后当天退回补充侦查或者重新鉴定。

（二）最大程度优化办案方法

一是优化办案顺序。在强化繁简分流的基础上，办案人员对于手头案件，不能以是否采取强制措施为标准确定办理顺序，防止挑肥拣瘦。必要时，疑难复杂案件与相对简单案件穿插办理，确保充分合理利用办案时间。二是优化阅卷次序。要求办案人员先看起诉意见书，大致了解案情后，一般按照从主观性证据到客观性证据的顺序进行审查，逐步梳理案件事实。三是优化阅卷方法。根据起诉意见书罗列的具体罪名的犯罪构成要件，开展清单式审查，但又要防止被起诉意见书所束缚，对起诉意见书所不能涵盖的内容，要进行分析，看有无追捕、追诉情形；重视第一次询问、讯问笔录和关键笔录，加强摘卷；细化证据分析，加强梳理证据和证明内容之间的关联性梳理。必要时，画出案情思维导图。四是狠抓连续审查。

妥善解决案件之间、案件与行政事务之间的关系，对案件尽量一次性审查到位，使审查进程不被打断，保证审查思路连贯。五是集中精力审查。确定“非必要不互扰时间段”，减少干警之间互相干扰；要求干警将手机放到座位一米开外，防止随时查看手机。

（三）最大程度实行无缝衔接

一是加强捕、诉案件衔接。在审查起诉案件办理过程中受理报捕案件的，先快速完成在办审查起诉案件初步审查，或者初步固定审查成果，再转而办理审查报捕案件；审查逮捕案件办结完成后，迅速返回办理被中断的审查起诉案件。二是加强诉、诉案件衔接。要做到逐一办理，专注办完一件再办理下一件，不无故中断，并适当留出沉淀、反刍时间。三是加强检、侦工作衔接。对退回侦查机关补侦的案件，要跟踪了解、督促，确保可以补证的及时补证，无法补证的尽早补查重报。同时，要加强自行补充侦查。四是加强诉、监工作衔接。打破先监督、再起诉的固化思维，在确保监督效果的前提下，必要时先起诉、后监督。五是加强审、议工作衔接。要求员额检察官和检察官助理、司法雇员之间分工明确，做到重要决定员额检察官把关、常规程序检察官助理负责、事务性工作雇员分担，各司其职、提升效率。每周召开员额检察官联席会议、每月召开检察委员会，视情不定期开会，定期与不定期相结合，缩短上会时间。

新形势下检察机关制发检察建议情况分析

——以A省H市数据为样本

马超群　王　坛*

目　次

* 马超群，安徽省淮南市人民检察院党组书记、检察长；王坛，安徽省淮南市人民检察院第七检察部一级检察官。

（二）持续推动将社会治理检察建议落实情况纳入党委、政府绩效考核

（三）加强调查研究，提高检察建议精准度

（四）不断提升宣告送达的比例，增强送达效果

完善检察建议制度是新时代中国特色社会主义检察制度创新发展的重要内容，也是检察机关法律监督工作的重要着力点。最高检党组强调，检察建议就是抓前端、治未病，要着眼检察履职，充分发挥检察建议在督促纠正违法，推动社会治理、基层治理、诉源治理等方面的作用。

一、 2023 年 H 市检察建议工作基本情况

2023 年，H 市两级院制发各类检察建议共计 1279 份，回复率 100%，采纳率 99.69%。从制发主体来看，市院共制发 20 份，占 1.56%；各基层院共制发 1259 份，占 98.44%。从发送对象来看，向法院制发 414 份，占 32.37%；向行政机关制发 279 份，占 21.81%；向企事业等其他单位制发 586 份，占 45.82%。从检察建议的类别来看，纠正违法检察建议 601 份，占 46.99%；社会治理检察建议 272 份，占 21.27%；公益诉讼检察建议 340 份，占 26.58%；再审检察建议 17 份，占 1.33%；其他类检察建议 49 件，占 3.83%。从业务条线来看，刑事检察条线制发 44 份（含未检，下同），占 3.44%；民事检察条线制发 341 份，占 26.66%；行政检察条线制发 336 份，占 26.27%；公益诉讼检察条线制发 397 份，占 31.04%；刑事执行检察条线制发 161 份，占 12.59%。

二、近几年H市检察建议工作的特点

(一)制发数量持续增长,且增长速度较快

2020年,H市两级院制发各类检察建议共193份;2021年为283份,同比增长46.6%;2022年为601份,同比增长112.4%;2023年为1279份,同比增长112.8%。

检察建议数量的快速增长,既反映出H市两级检察机关充分履行法律监督职责的决心不断坚定,也很大程度上反映出各业务条线检察干警充分发挥主观能动性、积极参与社会综合治理的能力水平不断提高。

(二)不同业务条线制发数量差别较大

2020年至2023年,H市刑事检察条线制发检察建议的数量分别为20份、18份、38份、44份,分别占当年检察建议总量的10.36%、6.36%、6.32%、3.44%;

民事行政检察条线制发数量分别为74份、115份、267份、677份,分别占当年检察建议总量的38.34%、40.64%、44.43%、52.93%;

公益诉讼检察条线制发数量分别为73份、100份、201份、397份,分别占当年检察建议总量的37.82%、35.34%、33.44%、31.04%;

刑事执行检察条线制发数量分别为26份、50份、95份、161份,分别占当年检察建议总量的13.47%、17.67%、15.81%、12.59%。

可见,刑事检察条线制发的检察建议数量少、占比低,且呈逐年下降的趋势;公益诉讼检察、刑事执行检察条线制发的检察建议数量不断上升,但占比逐年下降;民事行政检察条线制发的检察建议数量增长速度快,2023年占比超过了50%。

（三）回复率、采纳率高

2021 年 H 市两级院制发的各类检察建议，回复率为 100%，采纳率为 100%；2022 年回复率为 100%，采纳率为 100%；2023 年回复率为 100%，采纳率为 99.69%。

回复率、采纳率均高，既反映出检察机关制发的检察建议总体质量较高，得到了被建议单位的认同，也反映出检察机关与被建议单位之间的沟通协调较为顺畅，建立了较为良好的工作基础。

三、当前 H 市检察建议工作存在的主要问题

（一）深层次问题触及程度不深，部分检察建议质量不高

有的基层院查摆问题没有找到问题根源及深层次问题，多聚焦于程序操作、文书规范等浅层次问题，这样的检察建议难免给被建议单位留下“吹毛求疵”“找茬子”的感觉。比如，某基层院向消防部门、街道制发的治理“飞线充电”问题的检察建议中，只是简单地提出强化日常管理、加强安全隐患宣传、进行必要的行政处罚等“常规”建议，并没有认识到充电桩等基础设施的短缺和居民日益增长的充电需求之间的矛盾，是导致“飞线充电”现象屡禁不止的重要原因，上述检察建议即使被采纳，也是“治标不治本”。还有的检察建议指出问题多用概括性、模糊性语言，提出对策说理不充分，针对性不强。比如某基层院针对暑期儿童溺水事件，只提到“建议教育部门加强宣传教育”，而对如何宣传教育、宣传教育的具体形式和成果缺乏详细的说理论证，建议言语模糊、缺乏具体的指向性，被建议单位即使愿意整改落实，但是建议空洞模糊，也难以执行，从而导致检察建议流于形式、流于纸面。

（二）“类案群发”现象仍然存在

为了增加考核数据，提升考核成绩，部分基层院或多或少存在对同一对象、同一事由在同一时期发出数份内容基本相同的检察建议的“类案群发”现象。比如某基层院就“民事审判程序中起诉书副本公告送达未说明起诉要点”的问题，在同一天向法院制发了数份除文书编号和当事人信息不同，其他内容完全一样的检察建议。又如某基层院就“法院在行政非诉执行案件中未严格遵守法定程序”的问题，在同一天向法院制发了数份性质完全一样的检察建议，在之后的 3 个月内又制发了数份类似的检察建议，同一类问题前后向法院制发了总共十余份检察建议。

“类案群发”不仅与最高检、省院的工作要求相悖，而且大大影响了检察建议工作的严肃性以及被建议单位对检察建议的重视程度，从被建议单位仅仅半页纸的回复中也能感受到“无所谓”的态度。

（三）采取宣告送达方式的数量太少

《人民检察院检察建议工作规定》规定送达检察建议书，可以书面送达，也可以现场宣告送达。但 2023 年 H 市制发的 1279 份检察建议中，仅有 34 份采取了宣告送达的方式，占比仅为 2.66%（2022 年占比为 3.16%）。实践中，采取书面送达方式（有的是让书记员上门送达，有的是直接邮寄送达）往往会导致建议文书在被建议单位内多部门流转，互相推诿，不仅造成回复周期长，而且导致整改效果差。而采取现场宣告送达，不仅能增强被建议单位对检察建议的重视程度，提升检察建议的公信力，更有利于构建检察机关与被建议单位的良性互动格局，为以后更好地开展工作打牢基础。

四、 下一步工作建议

（一）树牢和践行正确的政绩观，深化对检察建议工作重要性的认识

要坚持质量先行，绝不能凑数发、为发而发，绝不能“自砸招牌”。制发检察建议要在“精、准、实”上下功夫，避免“唯数量”“唯排名”等惯性思维和做法，两级院案管部门及各业务部门要定期开展数据质量检查，及时纠偏，严防“反管理”问题，在宏观管理、业务管理上下功夫，注重全面评价、整体评价、组合评价、实绩评价，真正做到让检察官不被数据所困、不被考核所累，把精力聚焦到高质效办好每一个案件。

（二）持续推动将社会治理检察建议落实情况纳入党委、政府绩效考核

最高检党组高度重视将检察建议落实情况纳入地方党委、政府绩效考核工作，下发《关于全国检察机关推动将检察建议落实工作纳入地方党委、政府绩效考核有关情况的通报》，对落实该项工作提出具体要求。H 市两级院要进一步加大工作力度，主动向党委、人大报告检察建议工作情况，积极争取政府支持，推动将社会治理检察建议的回复、落实情况纳入党政考核体系，不断增强检察建议“刚性”，提升检察建议落实效果。

（三）加强调查研究，提高检察建议精准度

检察建议只有做到规范严谨、内容充实、论证有力、具有可行性和现实操作性，才能让被建议单位认同并依法整改落实。各业务条线要深入调查研究，树立问题导向，要综合运用询问当事人、查

询证据材料、现场走访、征求被建议单位意见等方法，准确发现违法事实和问题漏洞，客观分析问题根源，切实履行好调查核实职责。要善于借助特邀检察官助理专业优势，适时组织公开听证，广泛听取多方意见，协力破解疑难复杂问题。确保问题点得透、原因找得准、建议提得实，切实做到让被建议单位“心服口服”。对于不适宜由各基层院分别制发的类案检察建议，经评估后将案件线索报市级院，由市级进行分析研判、统一管理、统一制发，在一定程度上解决基层院“类案群发”的问题。

（四）不断提升宣告送达的比例，增强送达效果

要在检察建议制发、宣告、送达过程中，加强与被建议单位的沟通交流，注重邀请人大代表、政协委员、人民监督员参与其中，通过现场释法说理，最大限度提升检察建议的影响力和认可度。努力通过办理一案，促进一类、一片、一域问题的解决，助推行业治理、系统治理。

Y市检察机关近五年认罪认罚从宽制度下律师权益保障情况专题分析报告

朱芳云*

目　次

* 朱芳云，湖北省宜昌市人民检察院案件管理办公室副主任。

（三）建立量刑协商程序规范

（四）完善认罪认罚律师指定制度

认罪认罚从宽制度实施以来，该制度在促进案件繁简分流、提高诉讼效率、化解社会矛盾方面发挥了积极作用，但在律师权益保障方面仍存在一些缺漏，如立法层面对律师权益保障的界定过于模糊，司法实践中律师参与机制还不完善等。近期，Y市检察院案管办对近五年来认罪认罚从宽制度案件中律师权益保障问题进行专题分析，现将相关基本情况、突出问题、主要原因及对策建议分析如下。

一、近五年全市适用认罪认罚从宽制度工作情况

整体适用情况：除2019年因认罪认罚从宽制度工作处于起步阶段，整体适用率较低之外，从2020年开始，全市检察机关整体适用率保持在较高水平，稳定在91%—95%。

量刑建议提出情况：从2021年开始，全市确定刑量刑建议大幅提升，占比达到93%以上，目前稳定在95%以上。

量刑建议采纳情况：从2019年开始，确定刑量刑建议采纳比例呈逐年升高趋势，2020年之后均在90%以上。近年来确定刑量刑建议采纳率的逐年提高，说明随着检察官量刑经验的不断积累和量刑水平的不断提高，检法在量刑方面的认知渐趋一致。

上诉情况：全市认罪认罚案件上诉率总体保持在较低水平且呈稳步下降趋势。认罪认罚适用率占比达90%以上、近年来二审案件大幅下降等情况表明，该制度节约诉讼资源、化解社会矛盾、实现案结事了的作用十分突出，制度价值进一步彰显。

辩护人及值班律师参与情况：全市辩护人及值班律师参与比例在持续升高。从2021年开始，辩护人及值班律师参与实现全覆盖，

表明在认罪认罚从宽制度适用中，犯罪嫌疑人辩护权利得到了较大保障。其中，值班律师占比逐年提高，近两年已稳定在80%以上，反映出值班律师在刑辩业务上占据比例较大，对委托专职律师开展刑辩业务带来了较大冲击。

近五年Y市检察机关适用认罪认罚从宽制度工作情况表

年份	确定刑量刑建议提出率	量刑建议采纳率	上诉率	辩护人及值班律师参与率	其中值班律师占比率
2019	55.07%	88.91%	3.5%	68.41%	48.57%
2020	59.78%	93.32%	7.44%	99.94%	78.82%
2021	93.19%	97.23%	4.15%	100%	76.38%
2022	100%	99.29%	2.5%	100%	81.23%
2023	96.03%	98.03%	3.26%	100%	83.52%

二、认罪认罚从宽制度律师权益保障存在的突出问题

（一）律师刑辩业务量出现明显萎缩

认罪认罚从宽制度初步构建了“繁案精办、简案快办”的刑事诉讼程序繁简分流机制，提高了办案效率，节约了司法资源。但客观来看，也给律师行业带来了较大冲击。一是认罪认罚从宽制度实行后，量刑建议已经在《认罪认罚具结书》上载明，当事人认为无委托律师的价值，请辩护律师的需求明显降低。二是在被追诉人已经认罪认罚的情况下，律师辩护空间被明显压缩，大部分刑辩律师感觉办理该类案件缺乏成就感。三是随着刑事案件律师辩护“全覆盖”拓展至审查起诉阶段，过去属于“委托辩护”的业务，被法律援助律师“全覆盖”辩护所取代。四是律师基于辩护成效和自身经

济利益的考虑，办理认罪认罚案件的积极性普遍不高。

（二）量刑建议的精准性还有待提升

一是忽视附加刑和缓刑。《中华人民共和国刑事诉讼法》第 176 条规定，人民检察院应当就主刑、附加刑、是否适用缓刑等提出量刑建议。但实践中，很多检察官只注重明确主刑刑期，不对附加刑、是否适用缓刑给出确定的量刑建议。二是存在“估堆式”量刑现象。即在确定法定刑幅度后，罗列一系列的量刑情节，然后径直得出量刑结果。“估堆式”量刑建议容易受到主观因素的影响，凭经验和感觉作出判断。三是量刑从宽幅度不明确。如我国刑法及司法解释，对自首、坦白、立功等情节都规定了可以从轻处罚，但都比较笼统，检察机关在提出量刑建议时有较大的自由裁量权。辩护人辩护时只能针对上述情节建议从轻处罚，但难以阐述应该如何从轻处罚，从轻处罚到什么程度。四是“死缓无”案件从宽幅度难确定。“死缓无”案件因量刑跨度过大，检察机关与辩护律师在认罪认罚量刑协商时很难形成一致意见。

（三）控辩双方量刑协商不够充分

一是值班律师阅卷权保障不充分。作为主要协商主体的值班律师因时间关系或补贴标准较低，不阅卷或者走马观花阅卷现象突出，在未对案件情况做深入了解情况下介入，仅起到见证作用，实际上未进行量刑协商。二是检察官听取意见不深入。审查起诉听取意见环节多停留在“认与不认”方面，客观上未能就适用法律等内容引导犯罪嫌疑人充分表达意见。对于辩护人或者值班律师提出的意见，尤其是不同意见缺乏应有关注。三是量刑建议形成过程缺乏律师参与。部分检察官将量刑协商办成了量刑告知，告知方式简单粗暴，只要犯罪嫌疑人不同意或者提出一点辩解，就认为是态度不好，不是认罪认罚，从而不给嫌疑人从宽处罚。四是存在“先定后商”现象。有的案件量刑需经过检察官联席会议、分管检察长审批或检察委员会讨论决定，在内部已明确量刑建议的情况下再与律师协商，使该部分案件量刑协商形式化；部分案件检察官在作出量刑建议之前与同级法院对应审判庭协商案件量刑，也会使该部分案件量刑协商存在“先定后商”和“已定不商”的情况。五是实际协商中达成合意难。在一些比较复杂的案件中，控辩双方对于同一犯罪行为的罪名认定、具体量刑情节、量刑从宽幅度大小等各方面的问题往往存在不同看法，有的承办检察官害怕追责掌握过严，而有的律师“漫天要价”提出不切实际的量刑意见，导致在量刑协商实践中检辩很难达成合意。

（四）值班律师发挥作用不够

一是值班律师在认罪认罚案件中仅扮演了“见证人”的角色。大部分值班律师并不掌握案件的证据情况，未能对其见证的认罪认罚案件的量刑建议是否恰当做出评估，对犯罪嫌疑人自愿认罪认罚仅作形式审查。二是值班律师的其他权利保障也有待加强。值班律师介入案件的时间由检察机关决定。检察机关何时指派认罪认罚案件，值班律师就何时介入，而检察机关指派案件的时间与签署认罪认罚具结书的时间较近，这就造成值班律师几乎没有充足的时间阅卷，不能充分发挥其应有的法律援助作用。三是现有值班律师按天驻点轮班的设置方式，使值班律师并不能有效充当辩护人的角色，无法提出详细的辩护意见，庭审阶段亦没有出庭为被告人进行辩护。四是值班律师仅以出勤日补贴方式获得报酬，与执业律师收费相去甚远，故参与积极性普遍不高。

三、原因分析

（一）对认罪认罚从宽制度存在认识误区

认罪认罚从宽制度彻底改变了传统诉讼模式，使对抗式变为协商式，对刑辩律师工作思路和方式产生较大影响。认罪认罚从宽制度实施后，有很多律师认为，当事人既然都认罪认罚了，律师就没有必要辩护了。在庭审举证、质证、辩论各阶段，辩护律师基本没有多少展示的空间，职业成就感降低，故参与积极性不高。此外，犯罪嫌疑人、被告人签署认罪认罚具结书后，律师为了维护当事人的从宽利益，即使对案件有不同的看法，也不敢辩、不愿辩。直接决定量刑，让少数检察官有较强的地位优越感，出现对律师辩护意见书置之不理的现象，加剧了律师从事刑事辩护工作的挫败感，导致更多的律师不愿从事认罪认罚的刑事辩护业务。

（二）检察机关量刑水平仍有待提高

一是客观上提出精准量刑建议的依据不足。量刑规范化指导意见涉及的罪名较窄，仅对少部分常见罪名规定了量刑标准，并且还只是针对主刑规定了量刑幅度，其他大部分罪名，均没有明确量刑标准。对于那些量刑指导意见没有明确的罪名如何提出量刑建议不好把握。即使是指导意见中已涉及的罪名，对具体从宽幅度也不好把握。此外，当前的量刑指导意见对于附加刑、刑罚执行方式、数罪并罚等的量刑标准没有明确规定，这也给量刑建议工作带来较大难度。二是检察官提出量刑建议的能力还有待提高。受过去“重定罪、轻量刑”的司法惯性所影响，检察官对于量刑方面的规律方法等没有很好地了解或掌握，缺乏量刑建议的计算标准和实践经验，量刑能力仍有待学习提高和实践沉淀。

（三）量刑协商程序缺乏制度规范

从当前制度设计来看，关于量刑建议的协商规定较为笼统，在程序性规则上缺乏明确规定，比如量刑建议的程序启动，控辩双方对量刑建议的交涉、反馈和调整等方面几乎没有作出任何规定。根据认罪认罚从宽制度安排，检察机关听取犯罪嫌疑人及辩护人的量刑意见，是其提出量刑建议的前提，是前置规定动作。而实践中，部分承办检察官在没有听取辩方的量刑意见之前，就先行确定量刑建议，属于程序倒置。另外，听取意见的本质是协商和沟通，且应当是实质性听取，但实践中，经常出现走过场现象，使听取意见流于形式。

（四）值班律师制度不健全

一是衔接机制不畅通。目前，值班律师采取的是轮班制，而认罪认罚不仅是审查起诉阶段的程序，还会影响到后续的诉讼活动，这种不具有连续性的“辩护”会影响各诉讼环节的衔接，同时分阶段指定模式使律师辩护工作“碎片化”，也会影响值班律师发挥作用。二是值班律师选派比较随意。目前，大部分地方实行辖区内律师全部参与选派，对执业经历和操守不作任何限制，导致有长期未接触刑事领域或风评不佳的律师被安排参与认罪认罚案件办理。因部分律师刑事办案专业知识、经验不足或责任心不强，使部分案件的参与效果受到影响。三是值班律师参与认罪认罚，没有相应的工作流程、职能定位，也使得其作用发挥受到限制。

四、对策建议

（一）检辩双方积极转变办案理念

认罪认罚从宽制度的有效推行，对律师而言，机遇与挑战并存，应当积极适应，转变辩护理念。一是积极参与检察听证。随着新时代“枫桥经验”的落实，听证会这一形式得以越来越广的适用。要充分利用召开听证会的时机，充分表达自己的辩护观点，让自己所做的工作能够被当事人感知。二是前移工作重心。认罪认罚从宽制度客观上使律师辩护工作重心前移到审查起诉阶段。刑辩律师要改变重庭审不重审查起诉的传统，在接到委托或指定后，尽快跟上检察机关审查案件的节奏，迅速吃透案情，准确确定案件主要事实和量刑情节，为与检察官开展量刑协商打下坚实基础。三是发挥主观能动性。要积极主动和承办检察官进行充分协商沟通。认真倾听检察官的意见，全面了解检察官的立场角度和量刑思路，提出切实可行的量刑意见，争取和检察官达成一致意见，从而最大限度地保障犯罪嫌疑人和被告人诉讼权利。对有分歧的量刑建议，要化被动为主动，详细向检察官解释每一种量刑情节减少或者增加的量刑幅度以及原因，全面、客观、理性地陈述辩护观点，争取检察官的支持和认同。四是针对性地精准辩护。检察机关的精准量刑促使辩护人也要进行精准辩护，辩护的内容需要更加“全方位”，不仅要在此罪与彼罪、罪与非罪的辩护上下功夫，在量刑辩护上也需要尽量精准和明确。此外，检察机关自身要转变理念。要树立平等协商司法理念，认识到协商的本质是平等双方的相互说服，而不是居高临下的政策教育，要坚持以平等地位更理性平和地与辩方开展充分协商。

（二）加快提升检察机关量刑建议能力

一是完善量刑指导意见。建议“两高”加强沟通、协同推进，将量刑指导意见含涉范围逐步扩大到所有罪名和所有刑罚种类，为认罪认罚从宽案件中检察机关提出精准量刑建议打牢制度基础。因我国地域辽阔、各地实际情况不一，在量刑标准上应给予一定的灵活度，并鼓励地方司法机关结合实际细化量刑标准。二是组织量刑建议专题培训。注重对法院以往判决的类案进行分析，从中掌握量刑规律，从而完善量刑标准和量刑建议程序规范，确保提出更加精准、更加符合案件实际和法律规定的量刑建议。三是优化智能辅助量刑建议系统。根据“两高”《关于常见犯罪的量刑指导意见（试行）》规定的步骤，以及上级院有关常见罪名量刑指导意见要求，将量刑依据、年月换算、百分比叠加等转化成数据运算，为办案人员提供参考刑期，助力精准量刑。四是增强内部合力。对重大、有影响案件的量刑建议，应注意发挥检察官联席会议的参谋咨询和检察长、检察委员会的决策把关作用。

（三）建立量刑协商程序规范

量刑协商是控辩双方利益诉求表达、商议，直至达成合意的过程，必须有必要的程序机制予以规范。一是制定量刑协商程序。建议通过“两高三部”联合出台解释的方式，对于量刑协商的程序予以细化和规范，对检察机关、律师、被告人等各方的权责予以明确，确保不流于形式。应当包括明确协商程序的参与主体、启动方式、机制保障、具体规则、合意方式、过程记录等。二是明确量刑说理要求。建议上级检察机关就量刑说理进行明确要求。应要求检察机关在和被告人一方协商时，就基准刑、每个量刑情节的加减幅度、最终建议的刑罚以及刑罚推算过程详细说明理由，全面提升检察机关量刑建议透明度，并接受辩护律师监督质疑。办案检察官应在案件审查报告中对被告人和辩护人的意见进行充分论证说理，特别是对认罪认罚前后量刑建议的区别进行充分说理，使量刑成为控辩双方充分协商的结果。此外，检察机关在指控时应当以书面的方式将量刑建议的具体形成过程和最终刑罚建议向法院提交，便于法官进行审查。三是规定协商留痕。明确要求将刑辩律师提供法律帮助意见书入卷留痕，辩护律师就案件事实、证据、定性、量刑建议的辩护意见以及量刑协商过程、具结过程的见证记录，均应入卷存档。通过工作留痕促使办案检察官充分听取律师意见，同时也为司法行政机关考核评估值班律师工作质效提供依据。

（四）完善认罪认罚律师指定制度

只有辩护律师发挥应有作用，才能保障认罪认罚案件中的被告人获得有效辩护。为充分发挥作用，建议建立如下工作机制：一是实行诉讼全过程辩护律师一次指定。虽然，量刑协商可能在审查起诉阶段适用认罪认罚从宽制度过程中就已开展，但是，被告人在庭审阶段是否继续选择认罪，对量刑建议是否依然不持异议，是否有新的量刑情节需要提出等，尤其在犯罪嫌疑人对认罪出现反悔的情况下，当庭辩护意见仍能产生关键性影响。将侦查阶段、审查起诉阶段和审判阶段的指定辩护律师打通使用，不仅更有利于保障当事人的权益，而且可以增加指定辩护律师的报酬，节约辩护资源和司法资源。现阶段，至少应当明确规定上一阶段的指定辩护律师在下一阶段应当优先指定。二是建立值班律师或法律援助律师筛选机制。值班律师或法律援助律师应当具有一定的刑事辩护经验，能够为犯罪嫌疑人或被告人提供有效的法律帮助，并确保其有基本的职业操守和工作责任心。对值班律师或法律援助律师进行常态化的业务培训，通过岗位培训和经验交流，可有效保障值班律师或法律援助律师的履职能力。三是建立必要考核机制。将值班律师或法律援助律师的法律帮助服务质量纳入案件质量管理体系，对值班律师或法律援助律师的每个法律援助案件进行综合性的量化评价，并进行必要考核，督促其履职尽职。四是完善值班律师或法律援助律师履职保障。建议由市公、检、法、司、律师协会联合组成调研组，就全市值班律师参与办理认罪认罚案件及经费来源、管理方式等情况进行实地调研，并以会签文件的方式对值班律师参与认罪认罚从宽案件的工作流程、职能定位、权利保障、经费保障等问题进行协商明确。

专题研究

ZHUANTI YANJIU

浅谈人民监督员制度的优化与完善*

李　强**

目　次

---

* 本文系2024年最高人民检察院检察案件管理理论研究课题“浅谈人民监督员制度的优化与完善”的阶段性成果。

** 李强，河北省张家口市人民检察院党组书记、检察长。

（一）优化选任方式，充分体现民意
（二）强化制度构建，规范监督程序
（三）树立能动理念，拓宽监督视野
（四）注重数字赋能，提高监督效率
（五）加强内外联动，推进实质化运行
（六）切实保障权利，增强监督刚性
（七）加强考核奖惩，树立鲜明导向
（八）建好两支队伍，促进素能提升
（九）扩大宣传推介，烘托舆论氛围

人民监督员制度在推动人民群众有序参与、监督司法，促进社会公平正义，促进检察机关践行全过程人民民主等方面发挥了重要作用。通过正视张家口市人民监督员现状，发现在立法和实践中仍存在着民意代表性体现不足等九个方面的主要症结，需要通过优化选任方式，充分体现民意等九个方面的举措进一步优化与完善。

一、 正视现状：人民监督员制度及张家口市人民监督员工作现状

人民监督员制度的价值功能在于它是我国政治制度架构的有效补充，是推进国家治理现代化的重要举措，是提升检察机关法律监督质效的必然要求。① 新时代人民监督员制度生动践行着全过程人民民主。全过程人民民主下发展人民监督员制度突出人民性、监督

① 中国军：《人民监督员制度研究》，载《案件管理专题研究十八篇》，中国检察出版社 2023 年版，第 137—139 页。

性、过程性、治理性等关键特征属性。① 20 多年来，人民监督员制度伴随着检察改革不断发展，作为检察机关的“第三只眼”，在推动人民群众有序参与、监督司法，促进社会公平正义，促进检察机关践行全过程人民民主等方面发挥了重要作用。

目前，全国共有人民监督员 3 万余人。张家口市共选任人民监督员 174 人。其中，国家机关人员 15 人，事业单位人员 64 人，社会团体人员 5 人，企业人员 39 人，自由职业人员 19 人，其他人员 32 人。174 名人民监督员中，有人大代表 20 人，政协委员 23 人，律师 26 人，一定程度上体现了人民监督员在职业方面具有广泛性。2022 年以来，张家口市检察机关共开展邀请人民监督员监督检察办案活动 1895 件次，其中案件公开审查和公开听证 1072 件次、旁听检察官出庭支持公诉 39 件次、巡回检察 5 件次、检察建议的研究提出与督促落实等相关工作 92 件次、法律文书宣告送达 126 件次、案件质量评查 327 件次、司法规范化检查 29 件次、检察工作情况通报 42 件次、其他相关司法办案工作 160 件次、人民监督员以其他方式提出意见建议 3 件次。监督范围由传统的刑事检察扩展延伸到“四大检察”。监督类型从单一的公开审查、公开听证，拓展至旁听检察官出庭支持公诉、巡回检察、研提检察建议、司法规范化检察等。实现了监督案件总量大幅提升、类型全面拓展，监督成效明显。

二、 问题导向：以张家口市为视角剖析人民监督员制度存在的主要症结

2019 年，最高检制定了《人民检察院办案活动接受人民监督员

① 胡昀晖：《全过程人民民主的人民监督员制度研究——制度史考察与应然化图景》，载最高人民检察院案件管理办公室编印：《检察案件管理理论研究课题成果（2023）》，第 91 页。

监督的规定》（以下简称《监督规定》），但是内容较为粗略，在人民监督员选任方式、参与过程、意见表达及反馈、考核奖惩等方面缺乏细化、可操作性的规定，法律保障不足；在实践方面建立了一套人民监督员工作运行机制，但是仍存在着一些症结制约着工作的深入开展，主要表现在以下九个方面。

（一）民意代表性体现不足

一是人员构成不均衡。目前，张家口市的人民监督员主要还是由机关事业单位人员以及企业人员等担任，而农民、新业态劳动者、城乡居民等自由职业人员占比较小。二是“熟人”监督现象一定程度上存在。人民监督员多数在本地区内就近履职，跨县区抽选人民监督员开展异地监督办案活动较少，如沽源县检察院办案多抽选沽源本地人民监督员，人民监督员履职“本土化”问题较突出。三是2021年最高检、司法部修订的《人民监督员选任管理办法》（以下简称《管理办法》）第6条规定“人民监督员每届任期五年，连续担任人民监督员不超过两届”，由于时间过长极容易造成工作懈怠，不利于人民监督员发挥监督作用。

（二）监督程序启动主体单一

《监督规定》仅确立了检察机关依职权启动监督程序，即对于哪些案件邀请人民监督员监督，检察机关处于主动、积极的地位，而尚未赋予人民监督员依职权启动权、犯罪嫌疑人或其他案件相关人员依申请启动权。从近几年的实践看，监督程序启动主体、启动规则等方面不能完全实现人民监督员制度体现全过程人民民主的创设初衷。

（三）监督范围方式不全面

一是监督案件类型不均衡。尽管目前制度上将“四大检察”均纳入人民监督员的监督范围，监督类型多涉及拟不起诉案件公开听证以及案件质量评查等。而对程序较为复杂的监督检察官出庭支持公诉以及存在一定争议的有重大影响的审查逮捕案件的公开听证等类型监督较少；监督评议案件较多，但听取人民监督员对检察工作意见建议的较少。二是监督方式较为单一。实践中“请进来监督多、走出去监督少”，如在检察机关内部召开听证会等活动形式多，而走出去参加公益诉讼等活动较少，制约了主观能动性的发挥。

（四）监督手段信息化不足

一是邀请流程烦琐，智能化程度低。以张家口市为例，县区检察院需提前3—5日在检察业务应用系统中将拟邀请人民监督员开展监督的案件移送市检察院，并在人民监督员管理信息系统中进行申请后再与市司法局联系抽选人民监督员，邀请程序复杂且耗时较长，一定程度上影响了检察人员邀请人民监督员开展监督的积极性。二是司法行政机关与检察机关没有实现共享人民监督员数据，监督效率低。目前，由于数据不共享，实践中需要多次输入内网、外网数据，一定程度上制约了监督效果的提升。

（五）监督实质化运行不力

人民监督员在监督办案过程中很少提出不同意见，制约检察权运行的作用容易流于形式。监督意见过于简单，有价值的意见较少。“2022 年全国人民监督员没有发表监督意见占总监督人次的16.3%。全国检察机关不采纳监督意见建议 206 条次，不采纳监督意见建议已作解释说明的 180 条次，不采纳又不解释的占比达 12.6%。”① 在实践中，绝大多数人民监督员在《人民监督员表决意见书》的提出意见部分表述为“无意见”或“同意检察机关意见”，监督作用发挥不到位。

（六）监督刚性保障不到位

一是对人民监督员知情权保障不力。人民监督员审查方式带有一定的单向度和书面化色彩。实践中多以听取检察机关案情介绍或者以书面审查的方式参与监督，多数情况是在会议召开时检察机关才向人民监督员发放基本材料，人民监督员在检察机关现场汇报后立即发表意见。由于人民监督员缺乏阅卷权等有效保障，致使对案情了解不充分，极易提出随意附和的意见。二是对未被采纳的监督意见缺乏后续监督程序。《监督规定》第 19 条第 2 款规定：“人民检察院经研究未采纳监督意见的，应当向人民监督员作出解释说明。人民监督员对于解释说明仍有异议的，相关部门或者检察官办案组、独任检察官应当报请检察长决定。”由于这一规定太笼统，监督异议程序容易流于形式，导致监督刚性保障不到位。

（七）考核奖惩机制不健全

尽管《管理规定》对人民监督员的考核奖惩作了一些规定，但是在实践中未充分考虑检察机关对其履职的评价，也未建立负面清单制度，没有真正形成一套正面激励与负面评价相辅相成的链条考核奖惩机制，导致可操作性不强，还需要进一步细化。

---

① 申国军：《人民监督员制度研究》，载《案件管理专题研究十八篇》，中国检察出版社 2023 年版，第 145 页。

（八）队伍建设有待加强

一方面是人民监督员队伍。与听证员不同，由于人民监督员的管理单位为司法行政部门，检察机关不易与人民监督员直接联系并组织法律培训，对其任职培训较少，对相关知识尤其是保密知识培训不足，有出现案件信息泄密的现象，导致人民监督员工作陷入被动处境。另一方面是人民监督员办事机构队伍。人民监督员工作经历了由办公室管理，到单独设立人民监督员机构，再到今天由案件管理部门管理的过程。市级检察院能够保证有专人负责此项工作，但是在基层检察院由于受编制的限制，大多由一名书记员兼职负责，基本上是上传下达疲于应付，制约了此项工作的长足发展。

（九）宣传推介影响力不广

相较于人民陪审员，社会公众对人民监督员的职能定位、监督模式、监督作用了解不足，人民监督员制度社会影响力不足。一方面，检察机关作为人民监督员的使用单位，开展监督活动的广度和深度不够。由于精品案例宣传少，致使群众了解不深入。另一方面，司法行政部门作为人民监督员的管理单位，由于不直接参与人民监督员的监督活动，只负责抽选与统筹，对此项工作的宣传热情也不高，影响了监督的群众性和广泛性。

三、探索创新：多措并举优化与完善人民监督员制度

从总体上讲，借鉴人民陪审员制度、人民调解员制度的立法经验，稳步推进人民监督员制度立法。本文认为应从以下九个方面予以优化完善，进一步明确选任方式、履职流程、刚性保障、考核奖惩等内容，为人民监督员工作健康运行提供法律保障。

（一）优化选任方式，充分体现民意

人民监督员是否具有广泛的代表性，能否真正反映民意，这是衡量落实人民监督员制度成效的关键。一是在人员构成上，增加选任广泛性。司法行政管理部门按照任职条件慎重选定人民监督员，同时畅通人民监督员自荐渠道，让更多的普通群众参与到此项工作之中。二是在抽选方式上，可采取跨县区随机抽选，探索异地监督模式。三是取消人民监督员连任制，为更多群众提供参与检察工作的机会，为人民监督员积极履职创造条件。

（二）强化制度构建，规范监督程序

程序规范是实现人民监督员工作规范化的前提。一是增加监督程序启动主体。改变当前监督程序启动主体只有检察机关的现状，实行依职权与依申请并行的启动模式。建议在人民监督员立法中增设“人民监督员、犯罪嫌疑人及其他案件相关人员向专门负责人民监督员监督程序的机构提出申请”的规定，赋予人民监督员、犯罪嫌疑人及其他案件相关人员启动监督程序的法定权利，有利于发挥人民监督员制度优势。二是细化监督程序启动规则。对人民监督员、犯罪嫌疑人及其他案件相关人员提请监督的时间节点、申请监督渠道，以及审查受理主体与受理审查的形式、议程、答复等具体事项进行细化，研究出台相关指导性文件。在程序启动方面，除检察机关可依职权启动监督程序外，对于犯罪嫌疑人及其他案件相关人员依申请启动监督而言，可实行“全面受理 + 形式审查”的启动模式，只要是依法提出的监督申请，有明确的监督内容、具体的监督理由等形式要件，均应依法受理并及时组织开展监督工作。

（三）树立能动理念，拓宽监督视野

树立能动理念，组织检察人员学习《监督规定》等人民监督员相关工作制度，将学习工作积极主动贯穿于办案全过程。一是实现全面监督。增强主动接受监督的意识，自觉、自愿邀请人民监督员开展监督，实现人民监督员由专项监督向全面监督的结构性、实质性转变，做到各种类型全覆盖。二是拓展监督方式。案件管理部门充分发挥案件管理“大管家”的数据优势，在日常开展流程监控的过程中对案件进行梳理，对符合条件的尤其是社会关注度高、有一定争议的案件向承办人建议邀请人民监督员开展类案监督。近年来，随着最高检推行的检察改革新举措，如与公安机关建立侦查监督与协作配合办公室、推行企业合规制度改革以及突出职务犯罪侦查工作等，都对人民监督员在这些领域发挥监督作用提出了新要求，这就要求人民监督员制度不断适应新时代发展的新要求，拓宽新的监督领域，推出新的监督方式。

（四）注重数字赋能，提高监督效率

《管理办法》第29条规定：“司法行政机关、人民检察院应当加强人民监督员工作信息化建设，实现共享协同、便捷高效。”这是智能管理理念在人民监督员工作中的应用，其功能定位应当是提质增效，提高监督效率，解决人少事多的问题。① 人民监督员工作要按照数字赋能检察的工作要求，建立人民监督员参与案件的数字化平台，通过数字化管理，实现“用人、管事、办案”的一体化监督，实现监督迭代升级，促使人民监督员工作更加规范化、智能

① 参见苏金基：《智能管理理念在检察案件管理中的应用研究》，载最高人民检察院案件管理办公室编印：《检察案件管理理论研究课题成果（2023）》，第173页。

化、便捷化。一是优化检察业务应用系统人民监督员模块，简化邀请审批流程，激发检察人员热情。二是通过数据自动提取的方式减少案卡填录数量，通过减少法律文书的方式简化办案流程，通过数据跟踪的方式进行智能化统计分析，最大程度实现监督的简便易懂和可操作性。[①] 三是在“12309 中国检察网”中增加人民监督员模块，探索通过信息化手段方便人民监督员远程查阅相关资料、主动提请监督。四是探索实现司法行政机关信息一体化建设，逐步实现人民监督员数据共享，将抽选信息同步录入检察业务应用系统中，并将监督员意见建议、反馈结果同步录入司法行政机关系统中，实现协同办案和全流程一体化办案。

（五）加强内外联动，推进实质化运行

针对人民监督员工作实质化运行不够的现状，建议从两方面入手。一是注重挖掘人民监督员内在潜力。主动邀请人民监督员参与检察机关亮点特色工作，如公众关注度较高的社会治理检察建议的制发、在当地影响较大案件的检察官出庭支持公诉等检察活动，以此增强人民监督员参与感、体验感，促使其发自内心表达自己的意见，改变“无意见”的现状。二是检察机关通过外部措施加以引导。区分不同种类的活动，与司法行政机关定向沟通邀请知识背景适宜的人民监督员出席监督活动，以提高发表意见的针对性和可操作性。检察机关要高度重视人民监督员提出的意见，尤其是不同意见、内容详细的专业意见及带有普遍性的意见，定期将有价值的意见汇总后整理成册向司法行政部门通报，以此增强人民监督员的荣誉感、责任感，推动人民监督员工作实质化运行。

---

① 申国军：《人民监督员制度研究》，载《案件管理专题研究十八篇》，中国检察出版社 2023 年版，第 147 页。

（六）切实保障权利，增强监督刚性

人民监督员制度作为一种民众参与的司法制度，要想充分发挥其外部监督作用，必须增强监督刚性。一是保障人民监督员知情权。除涉密案件、隐私案件以及重大敏感案件外，根据案件办理需要，建议赋予人民监督员阅卷权，确保其第一时间能够了解案情，为后续提出有针对性意见建议奠定基础，切实做到评议实质化。二是完善人民监督员异议权。在《监督规定》赋予人民监督员异议权的基础上，进一步明确规定对人民监督员的异议进行处理的期限与程序，同时明确负责反馈的答复部门、答复期限与形式。

（七）加强考核奖惩，树立鲜明导向

有考核、有奖惩，工作才会有动力、有压力。一是建立正面激励机制。在对人民监督员进行考核时，应充分考虑检察机关对其履职的评价。人民监督员提出意见对检察工作起到实质性促进作用的，可在考核时予以正面评价，并辅以激励机制。建立人民监督员履职台账，详细记录人民监督员每次参与监督活动的发表意见情况、参与活动情况，对于提出实质化意见、优秀建议的人民监督员予以表彰并通报其工作单位、推荐单位或组织。二是建立退出机制和负面清单制度。对于2次以上无故不参加活动或者培训的人民监督员，必要时可予以辞退。对于个别县区检察院将争议较小、社会影响不大的案件选为监督案件应付差事以及侧重程序性事项进行监督的做法，同样要建立负面清单，在年度考核时作为减分项。

（八）建好两支队伍，促进素能提升

工作创优必须以人为本。完善人民监督员制度要建好两支队伍。一支是人民监督员队伍。在提升人民监督员专业化素质方面，

要注重检察机关与司法行政部门对人民监督员的同堂培训，定期举行交流座谈，共同学习新的法律法规及保密相关规定，提高其法律专业素质、相关技术专业素质、做好群众工作的专业素质等，增强其法治意识，以高超的履职本领让人民监督员制度焕发出生机活力。另一支是人民监督员办事机构队伍。建议市级检察院要在案件管理部门成立由一名综合业务素质较高的检察官带一名检察官助理或者书记员组成的人民监督员办事机构，基层检察院综合业务部门要明确一名综合业务素质较高的检察官或检察官助理专门负责与司法行政部门的对接和联络。

（九）扩大宣传推介，烘托舆论氛围

加强宣传、培树典型是扩大人民监督员工作影响力的重要一环。一是建立常规宣传机制。通过举办检察开放日、公开庭审等活动，运用多种方式宣传人民监督员制度的优越性，以“看得见、辩得明、听得清”的方式规范社会行为，促进公民法治观念的形成。二是注重培树典型案例。强化人民监督员监督典型案例的培树意识，做好典型案例的挖掘、优化等工作，将法律效果好、社会效果好的典型案例宣讲好。三是用好新媒体平台。依托检察机关官方微信公众号等多种新媒体平台，以及中国检察听证网扩大在线直播宣传，联合司法行政机关利用各自网站开展人民监督员履职视频直播。通过丰富多彩的宣传，在全社会真正形成“人人理解人民监督员，人人重视人民监督员”的良好舆论氛围。

全过程人民民主理念下人民监督员制度的检察实践与完善

潘祥均　程亿栩　张　乾*

目　次

* 潘祥均，重庆市人民检察院检察委员会委员，一级高级检察官；程亿栩，重庆市人民检察院检察九部副主任，三级高级检察官；张乾，重庆市九龙坡区人民检察院检察七部主任，四级高级检察官。

2019 年 11 月 2 日，习近平总书记在上海考察社区治理时指出，“我们走的是一条中国特色社会主义政治发展道路，人民民主是一种全过程的民主”。[①] 党的二十大报告指出，发展全过程人民民主是“中国式现代化”的本质要求之一。全过程人民民主是实现人民至上的重要途径，它不仅要求公权力机关在决策和行动中接受人民的监督和参与，还要求公权力运作尊重人民的意愿，保障人民当家作主的权利。司法民主是全过程人民民主的重要组成部分，是全过程人民民主在司法工作、检察工作中的具体体现。人民监督员制度是检察机关扩大公民司法参与、促进司法民主，落实全过程人民民主的重要举措。[②] 对检察机关来说，“高质效办好每一个案件”“做优做实人民至上”“以检察工作现代化服务中国式现代化”均离不开全过程人民民主理念的指引，离不开司法民主制度的落实。而在司法民主制度中，人民监督员制度是检察机关贯彻落实全过程人民民主的重要抓手。

一、人民监督员制度是全过程人民民主、司法民主的检察实践

党的二十大报告指出，全过程人民民主是社会主义民主政治的本质属性，是最广泛、最真实、最管用的民主。未来五年，实现全过程人民民主制度化、规范化、程序化水平进一步提高，中国特色社会主义法治体系更加完善将是全面建设社会主义现代化国家的主要目标任务之一。从党的二十大报告中可以看出，全过程人民民主和社会主义法治体系建设紧密相关，如何在立法、司法、执法过程

① 参见陈尧：《建构民主：全过程人民民主的发展路径——基于公民参与的视角》，载《学术前沿》2022 年第 5 期。

② 参见谭尘：《人民监督员制度——持续强化新时代检察办案全过程民主》，载《检察日报》2022 年 5 月 6 日第 3 版。

中实现全方位、全覆盖、全链条的人民民主是摆在法律人面前的重要课题。

按照党的二十大报告关于全过程人民民主的基本要求，“全过程人民民主”实质上是一个政治概念，其核心是通过人民代表大会制度、政治协商制度、基层自治制度以及爱国统一战线制度去实现人民当家作主这一目标。在上述四个方面中并不能直接看到司法民主的字眼，那么，政治上的全过程人民民主与司法民主之间究竟存在何种关系？作为司法过程中的民主司法形式，人民监督员制度应当如何体现司法民主？这是本文首先要从理念上解决的问题。

（一）政治民主与司法民主迥然有别

政治领域中的“全过程人民民主”与法律领域中的“司法民主”紧密相关，但并不是相同的概念。从制度设计上看，保障“人民当家作主”主要是通过人民代表大会制度、基层自治制度等国家政治制度来实现，其核心是保障人民参与管理国家和社会事务、经济和文化事业的权力。而司法领域中的民主问题则强调“人民的感受性”①，即通过制度化司法活动的参与机制，如人民陪审员制度，使国民在司法活动中感受到公平正义。在法律领域，民主化是与职业化相对应的概念。由于法律职业的专业性，司法活动主要依赖专业化的法律职业共同体来完成，然而过分专业化无疑会使得司法活动脱离“民意”。在这一背景下，民主化的主要作用在于纠正职业化带来的思维僵化，使司法与民意之间不致出现大的落差，也即通常所说的实现法律效果与社会效果的统一。司法民主化的做法，不论是人民陪审员制度还是人民监督员制度，其目的不在于让人民直接行使司法权，而是保障司法权的运行不背离民主原则的初衷。

① 参见袁林：《刑法适用公众参与机制研究》，中国检察出版社 2020 年版，第 78 页。

（二）政治民主与司法民主是上下游关系

在我国，人民通过代议制民主的形式，选举人大代表参与立法活动、管理国家事务，是政治民主的典型体现。既然在立法阶段已实现人民民主，那么为何在司法阶段也要实现民主？其中的原因不外乎：一是完全精英化、职业化的司法权运作会导致司法人员因其固有的思维定式而使司法活动与民意（社会观念）越来越远，因而有必要引入非职业主体，从而在司法中体现常情、常理、常识；二是在法律制定之后，司法人员能否准确适用法律仍是待解的问题，在司法过程中引入外部监督机制是司法公正的必然选择。

人民代表大会制度所蕴含的民主性需要通过司法活动来落实，而司法民主恰恰就是立法民主精准落实的制度保障。司法中的全过程人民民主并非将司法决策诉诸民意表决，而是要通过各种途径和形式实现司法领域的“人民当家作主”。只有建设全过程的司法民主，才能够确保司法权切实掌握在人民手中。① 可见，政治民主和司法民主之间是上下游的关系，司法民主是蕴含在政治民主内部的下位概念。

（三）人民监督员制度是司法民主的重要一环

2021 年，《中共中央关于加强新时代检察机关法律监督工作的意见》印发，提出要“完善人民监督员制度，拓宽群众有序参与和监督司法的渠道”。这为人民监督员工作指明了方向，人民监督员制度在新时代司法实践中迸发出新的活力，生动践行着全过程人民民主。②

---

① 参见张硕：《人民司法中的全过程人民民主：传承、创新与发展方向》，载《武汉大学学报（哲学社会科学版）》2022 年第 6 期。

② 参见郭冰：《检察机关践行全过程人民民主的具体实践——以人民监督员制度为视角》，载《人民检察》2022 年第 7 期。

司法实务中，检察机关的司法民主建设通常要与人民监督员制度挂钩。作为司法民主的一种形式，人民监督员制度自然要遵循司法民主的基本要求。具体说来，司法民主原则的要求如下：其一，司法民主与其他民主监督、社会监督形式不同，不仅强调监督性，更强调参与性，即司法活动的非职业参与主体在一定程度上应参与到权力运作活动中，这是民主原则的基本要求。社会公众、新闻媒体在某些时候也会对检察活动提出意见或者建议，但是这种监督缺少参与性。申言之，司法民主的核心是人民参与治理，而不仅是表达与监督。其二，司法民主强调司法裁量不背离“民意”，因而人民监督员制度应当着重在司法裁量活动中引入非职业主体的参与，强调监督活动的实质化。其三，司法民主虽然强调“民意”，但其前提是遵循司法权的基本运作规律，人民监督员等非职业主体介入司法活动是有限度的。司法民主并不是在司法过程中直接以所谓的民意取代上游的立法，恰恰相反，其价值在于通过民主形式将社会一般经验、常情、常理融入司法裁量活动之中，辅助上游立法在个案中实现精准适用。我国人民监督员制度在实践运行中面临着一些问题，这些问题或多或少与司法民主的上述要求有关，而要解决这些问题，检察机关需要充分贯彻司法民主的精神。

二、全过程人民民主理念在人民监督员制度中的贯彻及实践中存在的问题

制度在发展过程中往往会随着环境的变化而变化。人民监督员制度源于对检察机关办理职务犯罪案件的外部监督，然而时殊事异，其着力点也必然发生变化。在践行全过程人民民主的大背景下，人民监督员制度在监督范围、监督形式上都强调全过程、全方位、全覆盖。当前，人民监督员制度在检察实践中实现新发展、取得新成效，但在实践中也存在监督范围泛化、参与程度弱化、不同

监督方式合力不足等问题。

（一）“全覆盖”人民民主下监督范围的泛化

应职务犯罪侦查权转隶，2019 年最高检印发了《人民检察院办案活动接受人民监督员监督的规定》，大大扩展了监督范围，可以说完全符合全过程人民民主的要求。按照该规定，监督事项包括案件公开审查、公开听证等 10 种参与监督方式。另外，为给各地监督工作提供创新的余地，第 17 条还规定人民监督员可以通过其他实体和程序的全面监督方式对检察办案活动提出意见建议①，可见，人民监督员的监督范围涵盖了检察工作的诸多方面，不论是案件的审查、追诉还是执行，甚至检察行政工作都在监督范围之内。全覆盖的监督对于提升检察机关的公信力毫无疑问具有重要制度价值。

但是，这种制度设计在实践中容易造成监督范围的扩张和泛化，导致人民监督员制度的特色难以凸显。人民监督员监督范围的泛化主要体现在以下三个方面：一是过于多元的监督方式冲淡了“参与”司法裁量活动的司法民主属性。二是过于广泛的监督范围在实践中容易滋生重数量、轻质量的“大水漫灌”式监督，难以取得监督实效。三是过于频繁的监督活动，容易异化为“走过场”式监督，逐步消耗人民监督员制度对监督办案活动的“威慑力”。

（二）“全方位”人民民主下参与程度的弱化

“参与”和“司法裁量”是司法民主的两个核心词。司法民主要求社会公众有效参与司法权运作之中，这里隐含着两个层面的意思：第一，司法民主要求民众有机会通过特定的机制参与司法活

① 参见高一飞：《新一轮人民监督员制度改革检视与反思》，载《法治研究》2021 年第 3 期。

动；第二，社会公众的参与应当与司法裁量活动有关，而不是单纯地观摩、参观，抑或是针对司法机关中的行政性事务提出所谓的意见或者建议。从世界范围看，不论是日本的检察审查会制度，还是美国的大陪审团制度，社会公众参与的活动无疑属于司法裁量的范畴。也只有在司法裁量活动中实现社会公众的参与，才能保证检察权的运行符合民意的要求。

人民监督员制度在创始阶段的主要考虑是解决“谁来监督法律监督者”的问题，因而侧重于监督作用，这一点从“监督员”用语上就能看出。然而，全过程人民民主要求的是建立在参与基础上的监督。实践中，人民监督员参与程度的弱化主要体现在三个方面：一是监督方式侧重于“表意”，实质性“表决”的作用不显著。二是监督意见缺乏刚性。部分检察机关对监督意见的采纳具有较大的随意性，不采纳监督意见时未及时反馈意见，导致监督意见“可有可无”，未能实现有效监督。三是促进实质性监督机制不健全。有的地区人民监督员的履职地域是以县、区级检察机关划分的，大多数人民监督员任职满一届才能轮换，人民监督员与检察人员互相熟知，不利于实质性监督的开展。

（三）“全链条”人民民主下不同监督方式协调不足

司法阶段的民主设计的首要价值是确保代议制民主的实现。正如张文显教授所指出的“我国司法民主包括两个方面，一是司法为民，二是民主司法。而坚持民主司法，首先要坚持人民代表大会制度……其次，要切实保障人民群众对司法工作的知情权、参与权、表达权、监督权”①。在司法阶段，人们需要通过司法民主的形式将

① 参见邓正来主编：《世界社会科学高级讲坛讲演录》，商务印书馆2010年版，第311、312页。

立法形式下的民意还原出来。因而，如果将人民监督员制度定位为司法民主的一种形式，那么其首要价值也在于辅助实现代议制民主，其次才是在司法权运作过程中通过民主促进公正。

人民监督员制度只是民主链条的一个重要组成部分。除此之外，各级人民代表大会、新闻媒体、社会公众都可以对检察活动进行监督，提出相应的监督意见。这就要求国家在制度设计中协调不同监督方式之间的关系，以形成合力。不同监督方式协调不足主要体现在两个方面：一是人民监督员制度定位未特别强调司法民主属性，不利于衔接司法问责机制。2018年《改革开放40年中国人权事业的发展进步》中采用了“实施《深化人民监督员制度改革方案》，进一步加强社会监督”的表达方式，将人民监督员制度定位成社会监督。司法参与程度的弱化，导致监督活动难以启动司法问责机制。二是作为兼具司法民主与社会监督属性的人民监督员制度，与人大监督、社会监督等衔接机制不健全等。

三、 完善人民监督员制度的实践路径

人民监督员实施监督的主要事项是对职务犯罪案件的监督，其监督方式也体现出明显的参与性，即“独立进行评议、表决”。可见，人民监督员制度是一种完全可以和人民陪审员制度相提并论的司法民主制度。但与人民陪审员制度在刑事诉讼法中有明确规定不同，人民监督员的制度设计仅体现在人民检察院组织法中，还未上升到司法制度的高度。检察机关应当重塑制度特色，提升监督实效，形成监督合力，推进人民监督员制度法制化进程。

（一）集中监督力量，重塑制度特色

人民监督员制度在司法民主建设的轨道上运行需要集中监督力量，树立其制度特色与司法民主的权威性。一是在全覆盖的基础

上，不过于强调均衡发展，集中力量对司法裁量活动进行监督。如重点开展案件公开审查、公开听证等带有裁量功能的监督活动，将人民监督员的监督力量集中于监督检察机关高质效办好每一个案件。二是重点监督影响人民群众切身利益的重大、疑难、复杂案件，如刑事检察领域中的重大刑事案件、职务犯罪、经济金融类犯罪；公益诉讼检察领域中涉及公共利益的、社会广泛关注的案件，以树立司法民主的权威性。三是进一步保障人民监督员知情权、参与权、表达权、监督权，逐步提升监督效果。

（二）细化裁量规则，提升监督实效

第一，细化人民监督员参与背景下的裁量规则。人民监督员就检察活动提出意见、建议毕竟不同于直接参与权力行使，在其所代表的“民意”与检察机关的意见不统一时，究竟应当如何处理才能实现法律效果和社会效果的统一呢？其实，在缺少司法裁量空间的事项中，检察机关应当做的就是严格执法，而只有在那些充满裁量空间的事项中人民监督员所秉持的常情、常识、常理才有发挥作用的余地。因此，如何细化人民监督员参与背景下的裁量规则将是人民监督员制度完善的重中之重。

从全过程人民民主的视角看，国外的制度也能够为我们提供借鉴。日本的检察审查会制度，开宗明义地将“民意”作为制度设立的基础，即检察审查会是“为了在公诉权的实行上，能够充分反映民意，谋求其妥切适当而建立的制度”①。而如何实现所谓的“民意”呢？在某些特定的情形中，将决定公诉的权力与社会公众分享：检察审查会作出了应起诉的决议，在得不到检察官支持时，可开启第二阶段的审查，二次审查后，如果仍维持应起诉决议，检察

① 参见《新法律学辞典》，中国政法大学出版社 1991 年版，第 244 页。

审查会必须制作决议书并将其副本送达地方法院，法院应从律师中指定公诉及维持公诉的人员[①]。美国的大陪审团制度也有类似的制度设置。

综上所述，参与裁量、决策成为反映“民意”的两种形式。不过，我们不能照搬国外的制度规定。就人民监督员参与裁量和决策这一核心问题，最高检《人民检察院办案活动接受人民监督员监督的规定》中规定：人民检察院经研究未采纳监督意见的，应当向人民监督员作出解释说明。人民监督员对于解释说明仍有异议的，相关部门或者检察官办案组、独任检察官应当报请检察长决定。这一规定缺少具体的处理机制。结合前述域外经验，笔者建议，在人民监督员对于解释说明仍有异议时，检察长可以提请检委会审议，可以邀请人民监督员列席，充分听取其意见建议。即通过增加制度运行的环节，让人民监督员最大限度地参与裁量，让决策更加体现民意，以体现实质意义上的司法民主。

第二，完善机制，促进实质性监督。积极探索逐步提升人民监督员意见的刚性效力。监督意见的约束力，直接关系监督作用的实现，是人民监督员制度存在价值的保障。一是从存在裁量空间的案件中选取被监督案件，确保监督活动有的放矢。如选取存在正当防卫认定分歧的故意伤害案件，人民监督员可以凭借朴素的正义感，综合权衡天理、国法、人情后对案件作出定性，一方面，避免和克服司法人员的机械司法；另一方面，防止检察人员选择无争议的案件“走过场”，将人民监督员当“花瓶”。二是赋予人民监督员实质意义上的表决权。人民监督员参与表决后，如果表决意见与检察机关的决定存在重大分歧，人民监督员仍不同意处理结果的案件，积

① 参见秦前红等：《人民监督员制度的立法研究》，武汉大学出版社 2010 年版，第 11 页。

极尝试通过制作《不采纳监督意见理由说明书》的方式释法说理，让人民监督员的意见落地落实，倒逼检察官高质效办好每一个案件。三是构建人民监督员跨区域流动履职机制。人民监督员的选任管理和使用相分离，实践中的作用是非常明显的，这也是人民监督员身份独立性的保障。笔者建议，司法局在人民监督员库中抽选人员时，采取随机抽选与地域回避相结合原则，最大限度地避免本地区人民监督员与检察人员沦为“熟人圈”而怠于履职，有效避免本地区人民监督员与案件当事人之间存有千丝万缕的联系，确保人民监督员独立地开展实质性监督。

（三）协调相关机制，形成监督合力

推动检务公开，吸纳包括人大代表、人民监督员、新闻媒体等组织和个人参与监督检察工作，是提升检察公信力的必要做法。但是，必须明确的是监督只是实现司法民主的一种形式，而且每一种监督形式都有其侧重点，监督形式和监督效力都有所不同。一种富有实效的监督模式不仅要更充分地保障监督主体的表达权、参与权等，与之相关的制度匹配也应该完善。具体说来，为实现人民监督员制度基础上的全过程人民民主，应当协调如下机制关系：

其一，人民监督员制度与司法问责机制应当妥善衔接。人民监督员制度的监督效力，本质在于其意见和建议对司法裁量结果的影响程度，属于业务上的监督。除此之外，仍有人员监督的问题。而一旦涉及人员监督，就必须注意人民监督员制度和司法问责机制的协调。在强化参与裁量、决策的前提下，对于在监督过程中发现的违纪、违法线索，司法行政部门与检察机关应当构建衔接机制，保障人民监督员的意见畅通无阻地反馈至纪检部门，以促进司法问责机制的启动，从根本上实现刚性监督、司法民主。

其二，人民监督员制度应当与人大监督、社会监督等监督形式

做好衔接。人大的司法监督主要通过审议检察工作报告、听取重大事项报告等开展监督，具有监督刚性，社会监督的范围较为广泛，但是不具有直接的法律效力。人民监督员制度在实践进程中应当凸显其覆盖面广的特点，以弥补其他监督形式的不足，也应该强调对司法裁量过程的参与性，进行深入的事中监督（业务监督）和事后监督（人员监督）。总而言之，一方面，人民监督员应当依托“其他监督方式”的职责，从社会舆论、新闻媒体等关注的焦点案件入手，挖掘监督点，在案件办理过程中实质性参与司法裁量；另一方面，兼具人大代表身份的人民监督员，发现重大典型违法案件或者司法实践中存在的新情况、新问题，及时向人大报告，促进融合履职，推动问询与质询的启动，推动立法与司法的有效衔接。

人民监督员制度的现存缺陷与完善进路研究

康　军　张翠蓉*

目　次

* 康军，贵州大学法学院副教授；张翠蓉，贵州省贵阳市花溪区人民检察院检察委员会专职委员。

人民监督员制度，是最高检根据党的十六大关于深入推进司法体制改革要求所试行的一项重大司法改革，是检察机关自觉接受人民群众监督、保障人民群众有序参与司法的重大制度设计①。人民监督员制度符合现代法治的基本要求，顺应了公众参与司法的国际潮流。对这一制度的深入解读与剖析，有助于厘清新时代背景下检察机关在法律监督过程中存在的问题，进一加强检察机关履行职能的力度，保证案件在办理过程中的透明度、准确度，从而提升人民群众对司法机关的信任感，保证人民群众在每一个案件中感受到公平正义。

一、 人民监督员制度的法理依据

（一） 强化司法监督

习近平总书记在十八届中央纪委二次全会上指出：“要加强对权力运行的制约和监督，把权力关进制度的笼子里。”一个成熟且稳定的国家，其权利与权力的存在形态往往是相对平衡的。倘若国家的公权力过小，便容易造成社会的无序与混乱；倘若国家的公权力过大，便容易对公民权利造成侵害。因而权力与权利的平衡往往需要成套的制度机制进行支撑与控制。在一个国家的制度设计中，司法权力的行使往往涉及公民权利以及国家与社会公共利益的保障，因而必须有一套完整严密的制度设计保障司法权力的正当运行。从我国司法实践来看，起诉权制约着侦查权，审判权又制约着起诉权，属于稳固的三角关系，公检法彼此制约、相互配合，形成了一个“三角式”严密的制度体系。然而在监察体制改革前，职务犯罪的侦查、起诉权均归检察机关，这样容易导致职务犯罪领域的

① 参见陈卫东、胡晴晴、崔永存：《新时代人民监督员制度的发展与完善》，载《法学》2019 年第 3 期。

监督不到位，形成制度漏洞。此外，我国的监督机制向来偏向于传统的自上而下的监督方式，自下而上的监督与平行监督明显不足。人民监督员制度的诞生，正好可以加强自下而上的监督，从而有效弥补制度漏洞，填补监督空白，化解监督职能弱化的问题，形成权力之间的有效制衡。

（二）推动公众参与

人民主权论的观点认为，人民是政府一切权力的来源。为了维护绝大多数人的利益，保证社会正常运转，公众将一部分权利让渡出来形成公权力，以此维护社会的安定与个人利益的安稳。因此，为了保证公权力长久运行与社会的长治久安，国家机器的运行必须考虑民众意见，将民众对权力的监督引到权力运行的过程中来。而在司法领域，公众的积极参与是民主监督的重要方式，当民众通过对案件处理流程的全程监督、对司法机关及其工作人员提出建议等多种方式具体地参与到“司法”这项大工程当中时，就能进一步保证案件在“程序正义”的基础上实现“结果正义”①，从而增加司法机关的权威性，加强人民群众对整个司法环境的信任感。而人民监督员这一制度正好是实现民众各项权利的一种特殊形式。该制度的设立打破了司法神秘主义，能够在司法与民众之间搭起一座桥，消除二者之间存在的隔阂，从而实现民意的有效传达，使案件的处理结果能够满足大多数民众的期望，增加公众对司法过程和结果的可接受度，因而这一制度是检察环节实现民主监督的重要方式。

① 参见尹振国：《论司法公众参与范围的决定性因素》，载《武汉理工大学学报（社会科学版）》2018 年第 6 期。

二、人民监督员制度的功能定位

（一）人民监督员制度是外部监督

人民监督员的外部性特征可以从选任机关与组成人员两个方面充分体现出来：一是选任机关的外部性。在经历数次选任模式的改革之后，选任机关最终演变为由司法行政机关全权负责的模式，形成了一种“从内向外”的转变。最初的人民检察院的内部选任模式，通俗来说就是“自己人选自己人”，这在当时具有很大的争议，认为检察机关自己选出的人员不能形成有效的监督，有悖制度设立的初衷。经过一步一步地改革，如今的选任工作由司法行政机关来负责，并由其建立信息库，再从中随机抽选产生。这一做法也体现出检察机关接受外部监督的坚定立场，有效提升了制度说服力。二是组成人员的外部性。这一点可以从人员选任条件中看出，尤其是“推荐 + 自荐”的选任方式，吸引着民众自发地参与司法监督活动，显现出组成人员的群众性、外部性特征，这种由非专业的民众来组成监督主体的形式，区别于传统意义上的体制内监督，这种外部监督的方式有力回应了群众对检察工作的质疑，得到群众的广泛认可①。

（二）人民监督员制度是有权监督

当前学术界对我国的人民监督员制度属于“权力监督”还是“权利监督”尚存在较大争议，且当前并无直接的法律依据对这一问题作出明确的定性，但尽管如此，仍可以在大量现存规定的指引下，为明确该制度的性质寻找方向。首先，人民监督员产生于人民

① 参见曹月：《人民监督员制度的定位调整及范围拓展》，载《成都行政学院学报》2018 年第 3 期。

群众，代表民众对国家机关的监督，属于一种下对上、私权利对公权力的监督与限制。其次，从监督方式的角度出发，人民监督员通过案件评议的方式对检察工作进行监督，是一种区别于普通社会公众监督的制度而并无权力属性。一般来说，普通民众提意见虽然会对司法机关产生一定舆论影响，但其建议并无“刚性”，即不具有强制约束力。而人民监督员制度作为一项制度设计，有一定的组织形态，其组成人员经过严格程序筛选，并进一步受到特定规则的约束，其监督意见较普通民众的监督意见具有较强的制度“刚性”，因此这种监督兼具“权利监督”与“有权监督”的双重性质。

三、 现阶段人民监督员制度存在的问题

（一）监督运行机制存在的问题

1. 监督重点不突出。纵观人民监督员制度的发展历程，可以发现其监督范围逐渐扩大，从最开始的“三类案件”与“五种情形”到“七种情形”再到“十一种情形”，经历了一次又一次的改革，其每一次范围的变化都是结合当时的司法环境所作出的适时调整。而《人民检察院办案活动接受人民监督员监督的规定》（以下简称2019年《规定》）的发布，对监督范围再次作出了全新的规定。此次调整主要是在司法体制改革的大背景下作出的，检察院的反贪、反渎部门全面转隶，该制度的运行基础发生变化，其原先的监督客体已不复存在。在此背景之下，之前对该制度的相关规定已经不适应司法实践的需要，需适时作出调整。此次调整将监督范围继续扩大，将监督贯彻在办案活动全程，涵盖刑事、民事、行政、公益诉讼等各类案件。

值得注意的是，监督范围的扩大并不意味着监督工作的有效开展。虽然此次监督范围的调整将监督范围由此前的职务犯罪涵盖至

所有的检察办案活动、拓展至办案活动的全过程，但监督重点并不突出。在最新调整的九项监督情形中，部分情形可能在实践中适用率极低，如“法律文书宣告送达”的情形，实际上可能为了提高送达的效率，很少安排人民监督员去监督。尤其是第 8 条第 9 款“其他相关司法办案活动”，该兜底性条款将检察机关所有可能相关的工作都包含在其监督工作当中，这样盲目扩大监督范围，缺乏监督启动的可操作性，使得监督工作没有一个明确的界限，人民监督制度的最终目的是加强对检察权的监督，人民监督员监督范围不能只体现为形式上的范围广大，而忽略监督的重点内容。

2. 监督机制缺乏有效性。按照规定，对于那些“应当邀请”人民监督员的情形，应该是先听取其对案件事实、程序等的看法以及处理意见，然后再参考意见根据事实作出最终决定。然而在实践当中，一些单位为了单纯地提高效率，事先作出决定，再形式化地邀请其发表监督意见；又或者一些办案人员对其存在抵触心理，漠视其监督意见，久拖不决。这导致人民监督员仅能提出问题而不能解决问题，形式参与大于实质参与，被监督者决定着监督者意见的走向与结果，让人民监督员的监督成为一种“走过场”，长此以往，将严重影响民众参与司法的热情，导致人民监督员制度边缘化发展，降低司法机关的公信力。

3. 监督程序的启动具有被动性。要想让人民监督员制度真正发挥实效，就必须简化监督启动程序，调动组成人员的积极性、主动性。而根据 2019 年《规定》，除了对部分特定案件是“应当邀请”人民监督员参加之外①，其他的活动均是“可以邀请”参加，虽然

① 《人民检察院办案活动接受人民监督员监督的规定》第 9 条：人民检察院对不服检察机关处理决定的刑事申诉案件、拟决定不起诉的案件、羁押必要性审查案件等进行公开审查，或者对有重大影响的审查逮捕案件、行政诉讼监督案件等进行公开听证的，应当邀请人民监督员参加，听取人民监督员对案件事实、证据的认定和案件处理的意见。

只是两字之差，却代表着两种截然不同的程序。对于“应当邀请”的情形，人民监督员的监督评议是一道必经程序，检察院直接将符合上述情况的案件提请其进行监督评议。而对于那些“可以邀请”的案件，只有在检察院认为案件需要监督评议时，人民监督员才能发挥作用；反之，若检察院认为案件不需要监督，案件就进入不了此项监督程序，这在检察院一方可能形成了一道过滤机制，导致一些确实需要被监督的案件无法被监督。此外，目前监督程序的启动权能，只是检察院一方掌控，而其他主体无法启动监督，人民监督员往往被动接受需要监督的案件。如此一来，检察院对于启动人民监督员监督的自由裁量权较大，容易形成监督机制受制于被监督者的弊端。

（二）人民监督员选任机制存在的问题

1. 难以有效改变人民监督员的组成结构。2021 年 12 月修订的《人民监督员选任管理办法》第 14 条第 2 款规定“确定人民监督员拟任人选，应当充分体现广泛性和代表性”，但是如何体现这种广泛性与代表性在实践中成为难题。人民监督员的构成问题实际上是“从哪选”的问题。人民监督员制度本质上是一种“私对公”的监督，因此，公众性应是选任工作的基本要求。而在具体的实践过程中，选任“精英化”问题凸显。虽从法律条文上来看，最高检将其文化水平明确为“高中以上”，这种低门槛的设置充分展示出检察机关对于组成人员公众性特征的认识，并试图改变实践过程当中人员构成“精英化”的局面。但在实际的选任工作中，我们可以发现其公众性特征并不明显。我国人民监督员选任主要采用“自荐 + 推荐”的方式，这一方式设立的初衷本是鼓励更多人民群众参与进来，但在具体落实的过程中，自荐未能充分发挥作用，这是由我国公众参与公共事务的积极性整体不高所导致的。在当前选任工作由司法行政机关负责的背景下，单位推荐的方式仍是其人员产生的主要渠道，与检察机关联系密切的机关、团体与企事业单位向检察机关推荐候选人，推荐单位仍然在一定程度上偏向于“国字号”单位。除此之外，人民监督员中人大代表、政协委员、专家学者等群体的占比也居高不下，这些主体具有“精英化”的倾向与专业化色彩，虽然可能对检察机关能起到一定程度的监督，但由于其不可避免地会受到自身知识背景的影响，看问题的角度过于单一，提出的意见过于片面化，反而不能起到有效的监督作用，加之其群众性不强，无法代表人民的意愿，无法取得人民群众的信任，使得该制度无法发挥实效，失去制度设置的本质和初衷。

2. 连任机制限缩人民监督员的组成范围。《人民监督员选任管理办法》第 6 条第 1 款规定，人民监督员每届任期五年，连续担任人民监督员不超过两届。这表明人民监督员的每届任期为 5 年，每人最多可以连任一次。而根据数据显示，在新一届的人民监督员中，上一届留任的比例达到 23.1%。这表明，有超过 20% 的人民监督员履职达到 10 年之久①。连任制大大强化了人民监督员与检察机关之间的熟悉程度，但这种熟悉有损监督的中立性，极易由外部监督演化为“内部”监督。并且，这种连任机制同时减少了他人的当选机会，不利于吸纳更多的公民成为人民监督员的一员。

四、人民监督员制度的完善进路

（一）明确职能监督重点，发挥监督制度的实质作用

起诉权是检察院的核心职能，关乎着人民群众的切身利益。尤其是在司法责任制改革的背景下，检察官对一个案件是否起诉有着

① 参见陈卫东、胡晴晴、崔永存：《新时代人民监督员制度的发展与完善》，载《法学》2019 年第 3 期。

较大的自由裁量权，而这在推动灵活办案的同时也必然带来较大的廉政风险。综观我国刑事诉讼法可以看出对检察机关起诉权的制约较小，仅仅体现在“对特殊案件的不起诉决定需经最高人民检察院的核准”，具有较强的内部色彩，都是“自己人监督自己人”，因此有必要对其进行一定程度上的外部监督。所以笔者认为可以借鉴日本与美国的类似制度，将起诉权的行使是否正当作为人民监督员的重点监督内容，明确工作重点，即重点审查检方的起诉或不起诉决定的理由是否充分，并对其决定是否正当给出一个明确的结论，以实现对其起诉权的适当制约。

此外，“捕诉合一”模式的内在机构调整给检察院带来新的挑战。集中行使审查批捕职能和公诉职能在提高办案效率的同时，不可避免地带来一些新的问题，两项职能的合并可能会使得职能定位模糊，权力缺乏制约，容易滋生腐败问题。因此，在这种情况下，批捕与起诉工作的高质量完成更需要引入外部评价，让人民监督员参与其中，可以回应部分民众对“捕诉合一”制度设计的质疑，在批捕权与起诉权之间形成有效制约，弥补监督漏洞，化解司法系统内部风险，加强民众对司法工作的信任感①。

（二）推进人民监督员制度专门立法，强化监督效能

现行的人民监督员制度实践经验丰富、理论研究比较充分，但是现行制度依据为检察院和司法部内部的工作文件，效力层次较低，立法工作缓慢。2018 年 10 月，人民检察院组织法出台，人民监督员制度被纳入该法，这一规定无疑强化了该制度存在的意义，巩固了该制度的地位，但是在条文的规定是很笼统的，仅仅作出了

① 参见张义清、曾林翊晨：《监察体制改革与人民监督员制度重塑》，载《湘潭大学学报（哲学社会科学版）》2019 年第 5 期。

原则性的规定，操作性不强。因此，应当加快立法工作进程，尤其是关于该制度的监督情形、监督程序、评议意见的效力、工作机制等方面还需要进一步通过立法的形式确立和细化。对于立法总体思路要结合我国司法实践的现状，以监察法改革作为契机，在人民检察院组织法的宏观规定之下进一步地制定详细方案。在时机成熟的情况下，制定单行法——人民监督员法。法律地位的确立是立法的前提，目前该制度已经取得了相应的法律地位，应当逐渐被纳入法定程序和法律体系之中。

（三）完善启动程序，发挥监督制度的主动性

要想充分调动我国人民监督员参与监督案件的主动性，就必须要改变检察院掌握监督启动绝对权的传统局面，应将人民监督员监督的启动权分给不同的主体。在保留目前直接转入人民监督员监督环节的案件的基础上，将剩余案件的监督启动权分给三个主体，即人民监督员、检察官以及案件当事人。人民监督员可以自行决定某个案件需不需要进行监督，检察官可以根据案件情况邀请其进行监督。案件当事人可以在认为程序不公或权益受到影响时申请人民监督员进行监督。此外，以线上线下相结合的方式为当事人提供申请监督的渠道，比如，线下设置专门的申请信箱，线上明确公布联系方式、开设申请人民监督员专用邮箱等。除此之外，检察机关也要定时定点地公开案件具体办理进度，做到信息公开常态化，以便于人民监督员实时了解具体情况。

（四）改革选任机制，增强人民监督员组成结构的“大众性”

从试点工作开展到全国的推行，人民监督员选任方法逐渐走向合理化，尤其是打破了原来检察院自己选人监督自己的做法，从内部的操纵到司法行政机关的把控，基本上形成了选用分离的模式。

但是人民监督员组成结构中“精英化”现象仍比较普遍，为加强人民监督员组成结构的“大众性”，在选任过程中应当坚持民主性原则。对人民监督员的资格限制不得太严苛，准入的门槛不得过高，在现实操作中要保证选任程序的民主，保障我国公民能够平等地享有监督公权力的机会，激发公民积极主动参与司法外部监督的热情。此外，倡导人民监督员构成的多元化，尤其是扩大农民群体和个体工商户的占比，让人民监督员代表更加广泛的利益群体，体现出监督的民主，契合我国宪法和法律精神。

人民监督员制度运行至今经历了不断完善和发展的过程，在运转当中取得了颇丰的成绩，对检察工作的监督方面起着不可替代的作用。在当前监察体制改革的大背景下，人民监督员制度及其调试是一个系统的法治工程，难以通过局部微调的手段轻易实现，需在秉持人民主权、司法公正理念的基础上，直面当前存在的问题，并结合人民监督员制度的设计初衷与社会现实需要进一步地发展与完善。

人民监督员实质化监督机制研究

宁夏回族自治区银川市兴庆区人民检察院课题组*

目　次

* 组长：马国春，宁夏回族自治区银川市兴庆区人民检察院检察委员会专职委员。成员：孙媛，宁夏回族自治区银川市人民检察院综合业务部二级检察官助理；冯彩艳，宁夏回族自治区银川市兴庆区人民检察院综合业务部主任；李慧，宁夏回族自治区银川市兴庆区人民检察院综合业务部四级检察官助理。

人民监督员制度自 2003 年创设以来，在曲折发展中历经二十载。随着监察体制改革、检察机关法律监督职能回归，人民监督员制度完成了价值重塑。本文围绕人民监督员实质化监督机制展开，从问题呈现、原因剖析、域外启示、对策建议四部分回应时代课题，以期充分释放人民监督员制度潜力。

一、 人民监督员制度运行实践中存在的问题

人民监督员制度在规范检察机关办案、完善人权司法保障、提高检察机关公信力等方面发挥着重要作用，自 2019 年最高检发布《人民检察院办案活动接受人民监督员监督的规定》（以下简称《规定》）出台以来，各地检察机关持续探索创新，取得了一定成绩。但不可否认，人民监督员制度在运行中也暴露出一些问题。

（一）法律依据缺失

《中华人民共和国宪法》第 27 条规定国家机关受人民监督，人民检察院组织法第 27 条规定人民监督员对检察办案活动实行监督。以上两条法律是人民监督员制度的法律依据，为笼统原则，可操作性较弱。一是缺乏专门化的法律规范，上述法律只是规定人民监督员“可以监督”，但是“如何监督”尚未明确。实践中，《规定》是对监察体制改革后人民监督员制度发展的现实回应，但对于人民

监督员制度监督权的性质等重大问题没有明确。同时人民监督员制度的监督规则与选任管理规范相分离，即《规定》是监督规则。2021年最高检会同司法部发布的《人民监督员选任管理办法》是选任管理规范，相较于同为“公众参与司法”方式的人民陪审员制度的人民陪审员法，没有形成体系，且层级较低，“部门色彩”浓重，不利于人民监督员制度的长远发展。二是缺少细化操作指引。人民监督员制度虽然运行了二十年，但是监察体制改革使其失去了原有运行基础，之前的经验积累不再适用，于2019年改革重塑之后运行时间短，监督范围又进行了大范围修改、扩大，仅有少数省份对《规定》进行了细化。虽然《规定》将监督触角达至“四大检察”领域，但目前仅有“总括性质”的规定，细化规范凤毛麟角。

（二）监督机制运行不畅

完备的工作机制是制度运行的保障，然而法律规定的缺失以及改革重塑后实践积累的不足导致人民监督员制度运行中出现随意性特点。一是监督启动权的行使主体多为检察机关。《规定》中明确了检察机关依职权启动与人民监督员主动建议两种方式，但是未规定人民监督员启动监督的具体流程、参与渠道等内容。囿于信息不对称等多重因素，人民监督员主动参与监督的情况非常少，实践中不排除存在电话联系等私下联系方式，但是这种非正式监督的正当性以及效果与人民监督员制度设立的初衷不符，存在争议。二是“可以邀请”的案件多为经筛查过滤后的简单案件，“应当邀请”的案件领域不尽合理。《规定》第8条以列举形式列明“可以邀请”人民监督员的情形，实践中有些检察人员由于“怕麻烦”或“案件办理不扎实”等原因不愿邀请人民监督员介入复杂案件，还有一些检察人员为提高办案效率直接不邀请或事后邀请；而“应当邀请”监督的案件范围规定限于特定领域，如“不服检察机关处理决定的刑事申诉案件”“有重大影响的行政诉讼监督案件”，不能充分发挥人民监督员的监督作用。三是监督重点不突出。《规定》将监督范围扩展到检察办案活动，各地检察机关积极推行，实践中存在过度追求监督方式的多样化、监督范围扩大化问题，但人民监督员的监督能力存在一定滞后性，还停留在传统的刑事案件领域，致使监督重点不突出、监督流于形式。此外，人民监督员在公开听证中的特殊性没有体现出来，实践中有的检察机关将人民监督员作为旁听人员或者作为“听证员+人民监督员”，程序比较复杂，做法不一。

（三）制度效力机制乏力

据统计，2021年人民监督员意见建议采纳率为99.8%，提出异议、发表不同意见占监督意见总数的0.2%，2022年的比率分别为99.7%、0.3%，[①] 虽然人民监督员提出实质性建议的比例在上升，但是总体占比仍然持续偏低，一定程度上反映出人民监督员监督有效性不足、监督实质化偏弱的问题。回归制度本身，评议表决程序以及监督意见的约束力在实践中还有不足。一是监督评议表决程序规定过于原则。《规定》第18条明确了人民监督员依法独立发表意见，但是具体如何评议、如何表决没有进行细化规定。实践中的多数做法是案件承办人通报案件基本情况、检察机关审查意见、询问答复、评议与表决。这一流程看似完整流畅，但实际运行中很可能产生偏差——在封闭的环境中，在极短的时间内，检察机关以其专业性的单方面输出对案件进行判断，人民监督员在信息不对称的情况下难以实现实质化评议，表决也易流于形式，这种“临时监督式”的流程设置很大程度上会影响人民监督员的判断，不足以发挥对检察办案活动的纠偏作用。二是监督意见的约束力不足。人民监

---

① 2021年、2022年全国人民监督员工作情况统计。

督员监督作用的发挥很大程度上取决于不同监督意见是否被采纳，即监督意见与检察机关意见不一致时如何救济。在实践中，监督救济程序不完善、监督约束力不足是影响监督成效的重要因素。《规定》删除了向上级检察机关复核、本院复议的规定①，改为应当解释说明，仍有异议的报请检察长来决定。从确立到删除，能看出制定者在价值选择上、条文处理上的艰难抉择。但不可否认，当前模糊的规定不足以引起检察机关对不同监督意见的重视，人民监督员的监督存在“走过场”的嫌疑。

（四）权利权益保障不到位

任何一项制度的运行都必须充分保障参与者的权利权益，否则将失去其积极性，人民监督员制度也不例外。尽管《规定》对人民监督员权利作了尽量详细的规定，但是还有不足之处。一是人民监督员知情权保障不够。主要表现在监督案件的来源不通畅。《规定》中明确了人民监督员可以申请监督，但是人民监督员如何获得案件来源没有相关规定。实践中人民监督员可以通过当事人投诉、律师反映情况、人民群众来信来访、媒体曝光等途径获取监督线索，但是这种信息的获取具有偶然性，并非所有的人民监督员，也并非时时都能获得，与检察办案信息互联互通的理想状态相去甚远，客观上限制了人民监督员申请监督。二是人民监督员对监督案件的信息掌握不全面。如前所述，人民监督员获取案件信息多是临时的，通过办案人员通报、说明获取，在空间、时间以及阅卷权利的保障上

---

① 2015 年《最高人民检察院关于人民监督员监督工作的规定》在第二章第四节中专门规定了复议程序，即多数人民监督员仍有异议的，可在反馈之日起 3 日内向组织案件监督的人民检察院提出复议，该检察机关应当在收到复议要求之日起 30 日内作出复议决定，并于作出之日起 3 日内反馈人民监督员和承办案件的检察机关，如原处理决定与复议决定不一致的，由原检察院依法及时予以变更或者撤销。

远远不够，人民监督员无法获得案件的全部资料，尤其是卷宗资料，仅仅依靠“听取通报”形式不能保障对案件事实及法律适用的全面了解，独立评议与表决便无从谈起。三是人民监督员抽选方式不合理。人民监督员的监督规则与组织管理的分离，人民监督员的选任管理由司法行政机关负责，抽选系统采用数字化信息系统随机抽选，但是也衍生出一系列问题：人民监督员抽选的随机性带来的是监督员人选的不确定性，这种制度设计的初衷在于最大限度地发挥人民监督员的外部性与履职的有效性，但是弊端也比较明显，尤其是在专业性较强的案件中，人民监督员在理解案情、法律适用上存在双重困难，无法实质性参与到案件中，更无法提出建设性意见或者专业化思考。此外，对于人民监督员参与监督的误工补偿、协调等方面的考量也没有做到尽善尽美。

二、 人民监督员制度现存问题的原因剖析

（一）对人民监督员制度重视不够

对人民监督员的重视程度不够，是双向的。一方面是人民监督员的认识模糊，主要表现为“沉睡的权利者”，不想“惹事”，不愿行使监督权，能力不足不能行使监督权，害怕麻烦消极行使监督权，除人民监督员外，监察体制改革、规范缺失、检察机关比较强势也是客观原因。另一方面，检察人员对于人民监督员制度认识不足，存在偏差。部分检察人员将邀请人民监督员作为一种例行程序，部分检察人员认为人民监督员可邀请可不邀请，部分检察人员盲目追求监督范围的拓展，没有足够重视人民监督员权益的保障，对于不同监督意见重视程度不够。而检察机关对于人民监督员的培训等工作的“协助配合”做得不够，也是对该制度理解不到位的一种体现。

（二）人民监督员制度的理论问题没有厘清

尽管人民监督员制度已经发展了二十年，但是监察体制改革、检察机关内设机构改革、“四大检察”格局初步形成等多重因素基本上颠覆了该制度存在的基础，制度实践经验不足以应对时代冲击，尽管最高检及时出台了《规定》，但是配套方案和细化规则的缺失实际上掣肘了人民监督员实践的发展。体现在理论界即为人民监督员的存废之争，这对制度产生了不可磨灭的影响。可以说理论上的不扎实使得人民监督员制度根基不牢。尽管当下很多学者对于该制度的正当性及理论基础展开了积极的探讨，但是相关理论问题没有厘清，如人民监督员监督权的性质、新时代人民监督员制度的职能定位、人民监督员行使监督权与检察机关司法独立的关系等。一项制度如果没有深厚的理论支撑，仅依靠实践是很难走远的，且当下人民监督员制度立法缺失、实践不足。

（三）制度设计存在阻碍

人民监督员制度立法缺失是问题，也是问题的原因，折射出的是制度设计存在阻碍。人民监督员制度的运行基础迁移使得制度发展艰难曲折，这也是立法缓慢的重要原因之一。而现有规范主要是《规定》与《人民监督员选任管理办法》，原则模糊，虽然给各地检察机关操作留下了空间，但是可操作性不强、规范性不够，加之监督范围扩展后并未明确人民监督员制度与“四大检察”的适配，客观上影响了人民监督员实质化监督作用的发挥。

（四）制度运行不够合理

制度的生命在于实践。人民监督员制度运行机制是检察机关主导下的监督，从监督权的启动到监督权行使流程以及监督意见的处理等方面，检察机关在人民监督制度的运行中处于绝对强势地位，不符合“监督者处于强势地位”的一般逻辑，这种运行方式也与“参与式”监督定位不符。简言之，实践中的制度运行模式，人民监督员制度只能通过检察机关的内部程序设计、民主机制、检察长的判断能力和上级检察机关的权力监督发挥效力，① 不足以实现实质化监督。

三、 公众参与监督的域外制度与启示

域外并没有人民监督员制度，但是关于公众参与司法的制度还是比较普遍的，如美国、日本、英国都有类似的成熟制度。课题组认为，通过学习、比较，可借鉴有益经验以完善人民监督员制度，使其更好发挥外部监督作用。

（一） 制度介绍

1. 美国的大陪审团制度。美国的大陪审团有“自由堡垒”之称，该制度于17世纪英国殖民时期传入，后经改造形成，旨在限制检察官起诉权的滥用。大陪审团成员为16—23名，选任方式有二：一是抽签选择，即在符合条件的公民中随机抽取；二是法官评议，即法官在符合条件的公民中评议选取。大陪审团有两项职能：调查贪污类犯罪与审查检察官的起诉权。大陪审团主要通过审议书面起诉书、审查检察官提供的证据是否达到起诉标准以限制检察官起诉权，具体为12名及以上成员认为控罪证据达到了起诉标准即可递交法院审理，否则将径行对案件作出不起诉决定。但是其弊端也比较明显，成员多，开支大，司法成本高。

① 参见郭华、陈俊生主编：《人民监督员立法问题研究》，中国政法大学出版社2020年版，第146—150页。

2. 日本的检察审查会制度。日本的检察审查会制度设立于“二战”后，旨在约束检察官的起诉权，具有专门立法《检察审查会法》。日本的检察审查会是一个独立设置的机构，设在法院，被认为是一种准司法机构，其成员为 11 名，通过内部抽签决定，法院任命，工作内容主要围绕检察权展开，即审查检察机关的不起诉决定、针对检察机关日常工作发表意见。在意见的效力方面是“一次参考，二次执行”，即检察审查会审查之后，若作出起诉决议，此时具有“参考”效力，但检察机关如不采纳或者一定期限内未作出决定，检察审查会将再次进行决议，如仍认为应当起诉，则该决议具有提起公诉的效力。此外，在报酬方面，检察审查员只享受补助，无工资，费用列入法院预算。

3. 英国的检察审查会制度。1996 年，英国皇家检察署在内部设立皇家检察审查会，该机构虽然也审查具体案件，但其工作不涉及个案评判，而是通过个案的总结归纳，形成对宏观事务的政策性建议。[①] 之所以介绍该制度，主要是从人民监督员对检察工作的监督角度来看，具有一定的相似性。

（二）经验启示

虽然上述三种制度与人民监督员制度差距较大，但是可以引发我们对人民监督员制度的一些启发与思考。一是关于成员选任的随机性，可以最大限度地发挥人民群众的智慧，借此可以防止人民监督员走向精英化极端。具体到人民监督员制度中，可以在抽取人民监督员时采用“自动随机抽取 + 专业案件库抽取”，兼顾人民性与专业性。二是职能相对较少，监督重点突出。美国与日本的制度聚

---

① 参见张军、杨晓萍：《人民监督员有效监督路径思考》，载《第四届全国检察官阅读征文活动获奖文选》。

焦在限制检察机关的起诉权上，与人民监督员制度广泛的监督范围形成反差。当然这是存在客观原因的，即西方国家的检察机关主要职能在于刑事案件起诉权，而我国检察机关的职能定位是“法律监督”，不限于刑事案件起诉权，但是适当明确重点，聚焦检察机关的核心业务，有利于集中精力实现实质化监督。而英国检察审查会采用参与式监督的方式，职能聚焦于总结案件趋势规律并形成对策建议，也是人民监督员制度应当借鉴的，以规范性文件从宏观上发力提升外部监督质效。三是监督意见效力具有约束力。无论是两次审议还是终局性决定，日本、美国相关成员提出的意见具有一定的强制性。如果赋予人民监督员同样的执行力显然并不符合我国国情，但是过于原则的规定以及救济程序仅依靠检察机关内部完成，在实践中确实难以达到外部监督的预想效果。

四、 人民监督员实质化监督的路径探析

（一）处理好人民监督员制度与司法独立的关系

监督制约检察权是人民监督员制度的核心价值基础。① 人民监督员制度的创设也是为加强外部监督，防止权力异化侵犯公民权利。人民监督员的监督形式可以是多元化的，监督范围可以向外拓展延伸，但是其监督的核心应当指向检察机关的实质处分权——自由裁量权，否则将导致资源的浪费与监督形式化。如何平衡监督权与检察权，厘清权力界限是亟待解决的问题。这种平衡既不能过分限制监督权而失去其制度价值，又不能滥用监督权而干预检察权的正常行使。课题组认为，监督权与检察权的平衡点在于充分保障人民监督员的程序价值，通过程序优化、强化监督的程序性效力，完

① 参见张义清、曾林翊晨：《监察体制改革与人民监督员制度重塑》，载《湘潭大学学报（哲学社会科学版）》2019 年第 5 期。

善配套机制、制度保障，尤其要高度关注、认真对待不同监督意见，以检察机关内控机制来增强监督意见的约束力，提升监督实效。

（二）循序渐进完善相关制度规范

高位阶的规范性文件、细化的实施细则以及专门的立法保障是人民监督员制度发展的支撑。出台一部人民监督员法是理想状态，但是鉴于目前人民监督员运行现状及理论争议等多重因素，专门立法尚不成熟，需循序渐进。当下的重点在于完善人民监督员实施细则，总结人民监督员运行现状，汇总问题与经验，尤其要针对新领域加以具体化，并制定具体的实施细则，对重大问题的处理加以指引。在中央层面，最高检可以贴合各种监督类型的制度特性，进行相对细致化的制度安排，如设计更加有针对性的抽选机制，提出监督的侧重点，明确人民监督员与“四大检察”衔接的着力点，等等。在地方层面，省级检察机关可以辖区内制度运行为样本，进行深度分析，出台《规定》的实施细则以细化、解读现有规则，并根据地方特色进行创新、尝试。待各地区人民监督员制度运行更加顺畅，探索建立更高位阶规范性文件，亦可联合司法行政部门等多个部门进行解释，在立法时机成熟时提交全国人民代表大会常务委员会，将人民监督员制度的监督规则与选人管理规则进行合并、优化，形成专门立法。

（三）优化人民监督员监督机制

人民监督员制度监督机制由三部分组成：具体规范的监督程序、明晰的监督重点及体现制度特性的监督方式。一是要规范细化人民监督员启动监督程序。建议将负责人民监督员工作的机构即案件管理部门作为联络机构，固定、及时接收人民监督员的监督申请及工作建议。通过数字赋能监督，开发人民监督员履职信息化应用软件，将主动申请监督程序纳入数字化工作系统，同时明确人民监督员的建议接收、处理反馈具体工作流程，如可以规定案管部门专员负责，在数字化工作系统之外建立台账，联系具体案件承办人研究确定启动程序的必要性，在3日内决定是否受理并告知人民监督员，通过“线上+线下”方式畅通信息。二是明确监督重点为检察机关自由裁量权。拓宽人民监督员监督范围不必然导致监督重点不突出，但是在人民监督员制度运行中还要注意防止监督泛化问题。应将重点落在检察官自由裁量权较大的案件上，对于最易被滥用的、较大的权力加以重点监督，或聚焦于具有实质性处分的环节。在不起诉案件上，可以参照日本检察审查会的做法扩展到所有拟不起诉案件中，公益诉讼中涉及国家和社会公共利益的诉讼权利的也应当纳入“应当邀请”情形。三是针对人民监督员在听证中的地位问题，要强化其特殊的监督地位，将两项制度融合，可以有效避免制度重叠设置。人民监督员参加听证活动，主持人介绍听证员时对其人民监督员的身份同时予以介绍，而在发表意见时可以适当简化人民监督员发表监督意见程序，可以将监督意见融入听证意见之中。

（四）完善人民监督员制度效力机制

实现“谁来监督监督者”向“有效监督监督者”的转变，需要赋予监督意见一定的约束力。在现有规定框架内，可以从以下两方面进行探索：一是细化监督评议表决程序。充分保障人民监督员知情权是实现实质化监督的前提。在参与监督具体个案时，预留足够的时间，尽可能地允许查阅案卷材料、实地考察等，深度感知。①

① 参见唐益亮：《企业合规制度中认罪问题研究》，载《现代法学》2022年第2期。

承办人可以采用更加丰富、更加多元、更加接地气的方式向人民监督员呈现监督案件的全貌，不拘泥于通报说明。关于评议表决，承办人应当回避，给人民监督员一定的空间与比较充分的时间，有条件的检察机关可以设置单独的评议室，切实保障人民监督员“心无旁骛”行使权利。鉴于检察机关处理案件专业性较强，人民监督员可以仅就事实认定方面提出意见，既可以保障人民监督员行使权利，又不至于干预法律适用。二是通过程序设置增强监督意见约束力。如照搬日本、美国的制度很容易发生水土不服，但可以根据人民监督员实践情况，通过程序性设置来增强其约束力，打破“自己监督自己”的尴尬局面。《规定》第 19 条明确了检察机关对于不同监督意见要认真研究、及时告知结果，在处理上基本遵循的是不采纳监督意见—应当解释说明—仍有异议—应当报请检察长决定。但是对于中间流程规定不够细化、明确。建议细化解释说明环节，要求检察人员制作笔录并由人民监督员签字，对于仍有异议的，承办人应当提请检察官联席会议进行讨论，由部门负责人、分管领导逐级审核，再报请检察长或者提交检察委员会决定，以严格的内控程序来保障人民监督员不同监督意见的公正处理。关于理论界提出要恢复复议程序，课题组认为最高检将该程序取消具有合理性与必要性，将人民监督员不同监督意见作为一种“程序性复议”予以处理，不宜反复修改以造成实践中的混乱。

（五）完善权利权益保障机制

关于人民监督员权利权益保障，可以借鉴美国的大陪审团制度，充分保障人民监督员的阅卷权，同时赋予其一定的调查权，既有利于人民监督员对于案情的全面把握，还可以监督检察人员办案活动，防止滋生腐败。具体而言，检察机关在做好保密工作的前提下，通过纸质卷宗、视频材料或者现场提问解答等方式，帮助人民监督员了解案件，也可以采用实地考察、走访现场等创新监督场景的方式，促使人民监督员实现“沉浸式参与监督”。此外，广开人民监督员监督线索来源。检察机关可以在“三微一端”上定期公布监督案件信息，在办案窗口设置人民监督员联系中心，在12309检察服务中心、政务大厅等公开场所设置人民监督员信箱，同时定期召开人民监督员例会，以此打破信息壁垒，同时辅助人民监督员更系统、更全面、更精准地认识、参与检察工作。另外，大数据时代，检察机关将积极引用信息化设备，通过App、小程序或者内嵌在检察业务应用系统2.0等方式促使人民监督员实现实质化监督。

人民监督员制度自创设以来，在不断地调试中曲折前行，成绩显著，问题也比较突出。人民监督员制度的可持续发展，需要立法的支持，更需要长期实践的积累，“借他山之石”，进行修补式、系统性的完善，促使人民监督员制度释放最大潜力，实现应有价值，为人民群众参与司法提供源源不断的力量。

监管案例

JIANGUAN ANLI

江苏省无锡市新吴区人民检察院异地评查葛某某伪造企业、事业单位印章案

江苏省无锡市新吴区人民检察院第六检察部

目　次

一、 基本案情

犯罪嫌疑人葛某某从事消防维修业务，挂靠在“北京某某消防安全系统有限公司”，为“中国人民解放军某某部队”“中央某某学院”两家单位做消防维修。为签合同回自己公司开票方便，葛某某伪造了上述单位印章各 1 枚，共计 3 枚。后其在火车站被公安机关查获，伪造的 3 枚印章均被扣押。

该案于 2022 年 3 月 4 日移送检察机关审查起诉。同年 9 月 29 日，检察机关以“犯罪事实有重大变化，不应当追究刑事责任”为由，同意移送机关撤回。

二、 监管过程及结果

2022 年 10 月 9 日，葛某某伪造企业、事业单位印章案由“江

苏省检察机关质量评查系统”自动抽取并分配至无锡市新吴区检察院评查。评查人认真审查案件检察内卷，针对性地查阅侦查卷宗材料，参照相关法律法规，对案件事实认定、证据采信、法律适用、办案程序等进行全面核查，认为该案存在案件处理不当、证据收集不全面、办案流程不规范等问题。一是案件处理不当，同意移送机关撤回不符合规定。发现涉案的 3 枚印章均在葛某某被查获时当场扣押，其中 2 枚印章已鉴定系伪造；葛某某亦对伪造 3 枚印章的事实供认不讳。综合全案证据，证据之间能够相互印证，足以证实葛某某的行为构成伪造企业、事业单位印章罪。审查起诉阶段，该案犯罪事实并无重大变化，亦无不应当追究刑事责任情形，以同意移送机关撤回方式结案不当，应依法提起公诉或作出不起诉决定。二是证据收集不全面，证据存在可补强而未补问题。本案中，伪造印章的“上家”张某某的笔录仅有 1 份，且内容存在多处相互矛盾；张某某的手机微信中还有与多名刻章人员的聊天记录，均未进一步核实。从葛某某处扣押的 3 枚印章，其中 1 枚“中国人民解放军某某部队”印章因涉密而无法鉴定，但可以通过发函请求协助，由涉案部队出具说明，证实印章是否存在外借事实等，确定该印章是否为伪造。三是主要文书未制作，办案流程存在不规范。本案未制作“案件审查报告”，并且存在系统外文书、笔录未扫描上传，案卡数据信息填录不规范等办案流程不规范问题，违反《全国检察业务应用系统使用管理办法》相关规定。

评查人通过线上、线下等多种方式，主动听取原案承办人意见，并依托无锡市案件质量评查一体化工作机制，邀请全市案件质量评查团队成员对该案质量集中讨论，多方面听取意见，形成最终评查意见。结合评查情况，在听取原案承办人及全市案件质量评查团队成员意见的基础上，结合当地司法实践，提出如下意见建议：一是及时补充完善相关证据。办案单位应积极督促公安机关补充侦查，引导公安机关细化“上家”笔录，加强与涉案部队的沟通，开具证明证实印章系伪造，实现证据补强。二是依法作出起诉或不起诉决定。定期跟踪公安机关办案进度，督促依法重新移送审查起诉。办案单位在全面审查的基础上，依法作出起诉或不起诉处理决定，防止“长期挂案”。

2022 年 12 月，无锡市新吴区检察院将该案例逐级上报至江苏省检察院，对该案评查中发现的不同地区在入罪门槛、证明标准、处理结果等方面存在较大差异进行了详细报告，并建议针对全省办理的该罪名案件开展专项评查。经江苏省检察院同意，无锡市检察院组织人员对 2022 年以来全省办理的伪造公司、企业、事业单位、人民团体印章案开展了类案专项评查，并呈报江苏省院案管部向相关业务部门发送书面《提醒函》，以推动全省统一类案办理标准。

三、 典型意义

有效运用“大异地”评查模式，发掘案件质量“盲”区。案管部门评查本地区案件，受当地关于证据认定标准、办案惯例等限制，容易忽视办案中存在的类案处理瑕疵。通过采取“大异地”的评查模式，从评查地区办案角度出发，发现不同地区办案可能存在的监督死角。同时，消除评查顾虑，提高评查工作的积极性、主动性。

贯彻落实以点带面、上下联动、一体化履职模式，实现评查效果最大化。该案中，评查人将发现的全省类案执法标准不统一等问题主动向上级院报告，经省检察院同意，以该案问题为出发点，对此类案件的事实证据认定、处理结果等开展专项核查，就全省伪造公司、企业、事业单位、人民团体印章类案开展专项评查，对类案办理中存在的质量问题进行督促整改，切实提高案管部门案件质量评查的权威性、严肃性。

促进案件监管与检察办案的共同提升，实现司法办案的双赢多赢共赢。案件评查完成后，评查人多次与原案承办人电话沟通，督促整改落实。认真梳理全省各地在办理此类案件过程中存在的差异，从入罪标准、证据标准、犯罪情节轻微标准、刑罚裁量标准四个方面列举实例进行对比，呈报省检察院案管部向相关业务部门发送《提醒函》，进一步推动司法执法标准的统一，真正实现案管监督结果与案件办理的高效融合。

四川省攀枝花市人民检察院对重复适用强制措施类案的监管案

四川省攀枝花市人民检察院案件管理办公室

目　次

一、 基本案情

2021 年 12 月，犯罪嫌疑人陈某某因涉嫌掩饰、隐瞒犯罪所得罪，被攀枝花市盐边县公安局取保候审，2023 年 1 月移送盐边县人民检察院审查起诉。该院案件管理部门受理审查时，发现陈某某在取保候审期间，曾以涉嫌聚众斗殴罪同时被攀枝花市公安局东区分局取保候审，并于 2023 年 1 月移送攀枝花市东区人民检察院审查起诉，存在同一犯罪嫌疑人被不同公安机关重复采取强制措施的问题。为节约司法资源，盐边县人民检察院报请攀枝花市人民检察院将该案指定由东区人民检察院办理。

二、 监管履职情况

盐边县人民检察院案件管理部门将前述公安机关重复采取取保

候审强制措施的问题线索报送至攀枝花市人民检察院案件管理办公室。市院案件管理办公室立即向院领导汇报，根据指示联合侦查监督与协作配合办公室，依托与市公安局的办案数据共享机制，从公安机关警综平台调取全市 2020 年以来所有采取了刑事强制措施的案件信息 8000 余条，与同期检察业务应用系统的受理案件数据比对分析。通过设置重复强制措施的数据检索规则，筛查出可能存在问题的案件 210 件。经开展个案复查、向案件侦办人员了解情况，组织召开检察官联席会议讨论确定问题案件 47 件、问题线索 76 个。

随后，攀枝花市人民检察院案件管理办公室牵头组织相关业务部门召开工作沟通会，审查线索并形成一致意见，按照《人民检察院内部移送法律监督线索工作规定》要求，将已确定的问题线索移送相关基层检察院，安排专人对基层检察院的线索办理情况进行跟踪指导，要求及时办理并向市院案件管理及业务部门同步反馈办理情况。截至 2024 年 2 月，攀枝花市检察机关针对重复采取强制措施等问题，已向公安机关发出 9 份检察建议、3 份纠正违法通知书，并通过口头提出纠正违法意见，持续督促公安机关及时采取并案侦查等措施予以整改。

为解决跨地区案件办理信息不对称问题，攀枝花市人民检察院案件管理办公室主动建议公安机关升级办案系统，建立强制措施的定期联网协查机制，依托业务监管数字模型，将检察机关数据与公安机关数据进行碰撞，及时发现、移送异常问题线索；同时积极向省检察院相关部门汇报情况，助力开发检察业务应用系统办案辅助插件，便于办案检察官实时查询关联案件强制措施等情况，更有效地开展监督。

三、 典型意义

创新核查方式，补齐数据短板。案件管理部门要主动作为，积极探索以信息化手段发现监督线索并督促整改。针对信息不对称、数据制约短板，通过建议公安机关升级办案系统、建立强制措施的定期联网协查机制、及时向上级院汇报反映，助力开发检察业务应用系统办案辅助插件等方式，使检察官在办案过程中能够更全面掌握在办案件和关联案件的相关情况，推动法律监督信息化手段提档升级。

提升监管层次，加强部门协同。检察机关案件管理部门应紧扣新时代检察业务监管新要求，注重总结梳理业务监管中发现的司法不规范个案问题，将个案监督向类案监督延伸。对履职中发现的个案适用强制措施不当问题，要把监督视角延伸到类案，通过移送监督线索督促业务部门制发检察建议，纠正公安机关侦查不规范、浪费司法资源行为，避免因未并案侦查导致对犯罪嫌疑人的处罚失衡。

延伸监督效果，深化侦检协作。检察机关应积极构建“一体化”监督履职机制，内部加强横向协作，外部加强沟通协调。充分发挥案件管理部门专门管理的枢纽作用，结合办案部门自我管理的基础作用，以及侦查监督与协作配合办公室外部纽带作用，依托办案数据共享机制，借助大数据对比，及时发现公安机关和相关监管场所履职不规范问题，并督促整改，实现双赢多赢共赢。

云南省昭通市昭阳区人民检察院对何某甲、何某乙非法拘禁案的监管案

神　骥*

目　次

一、基本案情

2022年初，何某甲因与张某某有债务纠纷，伙同其兄何某乙在昭阳区某小区门口强行将张某某拖至事先准备好的轿车内，随后驾车将被害人张某某带至贵州省威宁县某地何某甲家后面的山上，并对被害人张某某实施威胁及殴打，随后又将张某某带至何某甲家中用菜刀威胁，非法拘禁长达3小时左右。2022年3月底，昭通市昭阳区院受理区公安分局移送审查逮捕的何某甲、何某乙非法拘禁案，经审查，该案在案证据能够证实嫌疑人犯非法拘禁罪，但考虑到拘禁时间较短、双方系亲戚关系、社会危险性较小，遂作出无逮

* 神骥，云南省昭通市人民检察院案件管理办公室副主任，一级检察官。

捕必要不捕处理决定。2023 年 2 月，公安机关补充完善新的证据材料，并直接移交检察机关原办案人员办理，检察办案人员审查后，作出批准逮捕决定，并撤销原不捕决定。

二、 监管过程及结果

昭阳区院案管部门在日常统计数据核查中发现，010201 表 1 行 25 列“审查逮捕决定变更”之“不捕改为逮捕”单元格中有 2 人数据，通常该位点极少产生业务数据，初步判断该项数据为异常数据，随即对该案件的受理、办理及案卡填录、文书制作、诉讼卷宗等进行了全面深入核查。案管部门向检察办案人员、公安侦查人员了解案件办理情况，发现公安侦查人员对二次报捕案件在检察机关的办理流程不熟悉，没有执行公安部《公安机关办理刑事案件程序规定》关于重新提请逮捕的相关规定；检察办案人员对重新提请逮捕案件受案程序认识不清，以为二次报捕案件应以撤销原不捕决定为前提，违反案件受理、流转及案卡填录标准等作出不当处理决定。

昭阳区院案管部门及时对该案件开展流程监控，制发《流程监控通知书》送达办案人员，重新录入二次报捕案件，补充完善法律文书和案卡数据项，同步清除原审查逮捕案件“审查逮捕决定变更”相关案卡，并将流程监控情况报告分管院领导和上级院案管部门。同时，昭阳区院案管部门针对侦查人员的违规情形，联合市检察院案管部门将上述情况通报市、区两级公安机关，要求加大严格执法、规范程序和完善手续等侦查工作力度，不断提升刑事侦查活动合法性、规范性和准确性。

三、 典型意义

精准定位监管要素，多方联动确认“症结”。该案件办理中的异常现象是单纯的案卡数据错误问题还是兼有办案质量问题，这是开展流程监控首要明确的事项。案管部门首先从“审查逮捕决定变更”的案卡定义入手，查阅《全国检察业务应用系统2.0填录标准和说明》《检察机关案件管理部门案件受理审查100问》等资料，明确了撤销原决定的前提须是原处理决定“确有错误”；与办案人员对前后两次报捕案件的办理过程进行了分析梳理，释明《公安机关办理刑事案件程序规定》对首次不捕后二次报捕手续的规范性要求，就认定没有重新办理提请逮捕手续、撤销原不捕决定系违规行为达成一致共识。在该监管案例中，案管工作人员坚持“由浅入深、由表及里”的工作思维，找准突破口、明确切入点，以积极主动姿态沟通双方办案人员，精准甄别办案瑕疵情形，产生双赢多赢共赢的良好监督效果。

“案卡审核+数据监管+流程监控”三位一体，积极创新管理监督模式。在传统案卡审核业务中，统计人员发现问题后往往以“一改了之”收尾，对案卡填录背后可能隐藏的办案质量问题关注度不够，由案卡到数据、由数据到质量的“顺藤摸瓜”监督意识不强，造成部分有价值的监督线索流失。案管部门要坚持整体思维、系统思维，高度重视常态化统计数据审核工作，当好业务数据源头的“质检员”“消防员”“守门员”，依托海量统计数据资源优势，注重挖掘业务数据质量问题，提炼案件流程监控线索，不拘泥于修正案卡的基础工作，不停留于调整数据的基础环节，在碎片化的工作场景中探寻集约化的监督要点，将“浅尝辄止”式的工作方法升华为“深耕细作”式的监管路径，积极推动在更高水平、更高层面上追求案件管理效益，促进监督管理质效提升、优化、升级。

上下协作整合监督力量，内外衔接扩大监督成果。在该监管案例中，监管单位发现流程监督线索后，主动对接上级院对口部门，就探究问题表现、论证监督依据及提出处置方法等事项加强请示汇报，积极寻求妥善解决问题、规范开展监督的有效措施。针对该案件存在的瑕疵情形主要表现在案卡填录和系统应用方面、主要涉及程序和手续问题、同时牵涉公安机关办案行为，市院案管部门高度重视该类型流程监控呈现出的新情况新特点，多次与监管单位研究磋商工作机制，提出建设性指导意见，帮助稳妥顺利完成流程监控工作。为进一步巩固监督成果，市、区两级院分别将监控情况告知同级公安机关法制部门，提请公安机关在类案办理中加强内部监督管理，共同商定建立紧密互通共享的案件受理办理衔接和监管信息通报机制，共同推动形成检察案管部门和公安法制部门密切协作的良好工作局面。

案管人物

ANGUAN RENWU

干一行就钻一行　钻一行就精一行　精一行就矢志追求

——记上海市人民检察院案件管理办公室检察官陈奥琳

陈奥琳，上海市人民检察院案件管理办公室（上海检察大数据中心）检察官，第二届全国检察机关案件管理业务标兵，曾获上海市五一劳动奖章、上海市巾帼建功标兵、上海市市级机关青年岗位能手，荣立个人二等功、三等功各一次。

从华东政法大学民商法硕士毕业进入检察机关工作以来，陈奥琳一直未曾忘记选择法律专业时的初心，秉持着对法律的热爱、对公平的执着和对真理的追求，经历了从民事行政检察到案件管理部门，从基层院到省级院，从案件评查、数据分析再到数字检察等多个岗位的磨砺，以最大的努力，把最好的年华融入检察事业的长河。

干一行就钻一行

“规范司法行为永远在路上”

2015 年，最高检在全国检察系统开展为期一年的规范司法行为专项整治工作，工作刚满三年的陈奥琳被借调至市院规范司法行为专项整治领导小组办公室工作。面对陌生的工作环境和纷繁复杂的工作内容，还是一名检察“新手”的她，如何快速适应，打开局面？她迎难而上，抓紧熟悉工作要求，多向身边前辈请教，大胆创新，制作的《上海检察机关规范司法行为专项整治工作推进表》获最高检规范办采纳并在全国范围内推广，为上海专项工作平稳有序开展开了个好头，她编写的多篇简报信息也登载在全国专项整治工作专刊简报上。六年过去了，规范司法的理念早已根植于每一位检察官心里，体现在每一起检察办案之中。“有幸为司法规范化作出了一点‘小贡献’”，她开心地笑道。司法责任制改革作为司法体制改革的“牛鼻子”，建立“随机分案为主，指定分案为辅”的案件承办确定机制就是落实司法责任制的“长征第一步”，陈奥琳在深入实地调研的基础上，在全国率先起草了上海市检察机关案件承办确定工作规定及轮案规则的指导意见，为上海检察机关落实司法责任制、规范司法行为、提升司法公信力贡献智慧。

“当好检察产品的质量管理员”

案件质量是检察办案的生命线，作为案件质量的质检员，为人民群众提供更加优质高效的检察产品，守护检察机关办案质量生命线，是案管人的责任与担当。“办案以事实为依据，以法律为准绳，那么案件评查是不是也可以有一个规范化的标准，让评查检察官更有依据，让评查更有信服力？”刚转到案件质量评查岗位的她思考着。她在检察官的带领下，翻遍法条，逐条论证，前后几十稿，制定的上海市检察机关案件质量评查工作实施细则及评查标准，为全市质量评查提供工作指引，为全国质量评查提供样板。她还研发了上海检察案件质量评查系统，从一页一页的绘制系统界面草图到一条一条的编写数据抓取规则，第一次近距离接触信息化工作的她，在为上海案件评查工作高效开展的同时，也朝着做一名“通业务、懂技术”的新时代复合型检察官迈进。

“用数据监管撬动法律监督”

全面落实《中共中央关于加强新时代检察机关法律监督工作的意见》，加强法律监督，是时代赋予检察机关的命题。在大数据时代，业务数据已成为检察机关发挥法律监督作用的新业态。陈奥琳在数据监管中主动向前延伸。她在分析全市判处管制刑案件情况时敏锐地发现，上海某区被告人李某甲于 2014 年 12 月因贩卖毒品罪被区法院判处管制 8 个月，并处罚金人民币 1000 元；于 2013 年 4 月因盗窃罪被区法院判处拘役 3 个月，缓刑 3 个月。2018 年区法院生效判决未载明被告人李某甲的任何前科情况，导致判决遗漏了被告人毒品再犯法定从重处罚情节和盗窃犯罪前科的酌定从重处罚情节。她主动将该监督线索移送区检察院，促使区检察院向区法院制发《刑事再审检察建议书》，法院依法对原判决予以了纠正。她并不满足于个案，还思考未来的法律监督要如何从个案监管向类案监督、数字化监督拓展。作为上海检察机关数字检察专业化办案团队的核心成员，为解决实务中“一人多案”带来的重复受理和遗漏前科等问题，有效辅助检察办案，她牵头研发“受理查重和前科推送”数据模型，仅开展遗漏前科一个专项就发现监督线索 39 条，移送办理监督案件 10 件，其中提出抗诉 2 件。作为上海检察数字化转型人才培训班的业务导师，她和学员一同探索通过检察业务数据内部共享、外部数据的引入碰撞，拓展监督线索来源，用数据为法律监督插上科技“翅膀”。

钻一行就精一行

“用数据分析为检察工作赋能”

业务数据分析研判是检察机关科学决策的重要依据，是落实以人民为中心的发展思想，促进检察履职优化，服务经济社会高质量发展和国家治理体系和治理能力现代化的重要抓手。作为上海检察机关大数据中心的初创成员，陈奥琳从一名业务数据分析“小白”快速成长为团队骨干，主笔撰写了食药品案件、管制刑案件、外来人口犯罪等上海检察大数据分析报告以及全市“案－件比”情况、认罪认罚案件情况、刑事检察办案效率分析等综合性、专题性的业务数据分析报告 40 余篇。对内服务领导决策，对外回应社会关切。她在实务中不断总结思考加强检察机关业务数据分析的具体路径，撰写理论文章发表于《人民检察》《中国检察官》等期刊杂志，向全市检察官授课，分享撰写业务数据分析报告的思路方法。她在文章中写道：“在大数据时代，数据就是新的石油，是新时代检察工作高质量发展源源不断的动力。”

“高质效办好每一个案件”

人民群众对美好生活的向往，就是国家治理体系和治理能力现代化建设的目标和前行的方向。建立案件质量评价指标体系，是检察机关让人民群众在每一个司法案件中感受到公平正义的应有担当和使命。自最高检提出案件质量评价指标体系以来，陈奥琳经常利用下班之后、周末的时间，全程参与最高检评价指标的通报值设置、优化精简、定义取值、数据采集等工作，有时候甚至周末一忙就是两天时间都扑上去。她第一次直接感觉到自己的工作可以关乎人民群众对检察机关的科学评价，每一次的挑灯夜战、加班加点，都是对“以人民为中心”的中国特色社会主义法治理念的生动践行。

“打通司法责任制落实最后一公里”

构建以办案质效为核心的检察官业绩考评体系，是顺应新时代检察工作新要求提出的全新司法管理理念。上海检察机关作为全国四家试点单位推进业绩考评工作以来，陈奥琳和她的小伙伴们深入调研，主动探索合理计分方式形成上海检察机关业绩考评指标及计分规则；勤于总结，一个周末的时间汇总形成《检察官业绩考评100问》获最高检点赞肯定；研发“检察官全流程业绩考评系统”，被最高检作为三个系统之一推广至全国检察机关使用；她还在最高检举办的检察官业绩考评研讨会上介绍上海实践，也向社会各界以及全国同行宣传上海检察官业绩考评的样本经验。作为一名检察官，她深知业绩考评直接关系到司法责任制改革在最后一公里的落地落实，也直接关系到每一名检察官的切身利益，这让她更加严谨务实，通过指标科学化和信息化建设，牵引、激发蓬勃向上的检察内生动力。

“大数据是第一生产力”

成为一名“讲政治、精业务、懂数字”的复合型人才是陈奥琳不懈努力的方向。最高检提出数字检察战略以来，陈奥琳全程参与上海数字检察建设的萌发、启动和实践。作为上海检察大数据中心业务总策划，她深入思考，率先实践，领衔打造上海数字检察全景平台，主笔撰写上海数字检察三年规划，和小伙伴们参与10余个数字化项目的研发应用，组织撰写几十万字业务需求报告，在长三角数字检察培训班上介绍上海数字检察思考与实践，以“争一流、走在前、排头兵”为目标，打造上海范式，贡献上海智慧。作为上海数字办案团队的核心成员，陈奥琳和团队成员主持研发、指导应用大数据法律监督模型70余个，发现监督线索1000余条，监督成案600余件，唤醒沉睡的数据，激活数据动能，最大限度运用大数据赋能检察工作高质量发展。

精一行就矢志追求

回首与检察工作共同成长的岁月，岗位一直在变，但把青春年华奉献给检察事业的初心没有变，对专业的精益求精和对职责的孜孜恪守没有变，陈奥琳以“择一事终一生”的执着专注，以“干一行就钻一行”的精益求精和“钻一行就精一行”的追求卓越，一步一个脚印，一点一滴努力，立足岗位不断成长。“精一行就矢志追求”，追求高质效办好每一个案件，追求让人民群众在每一个司法案件中感受到公平正义，追求不负人民检察官的奋进与坚守、使命与荣光！

基层探索

JICENG TANSUO

案件流程监控对检察业务数据质量提升的方式探索

张艳丽　刘　宁　郑舒天*

目　次

* 张艳丽，吉林省长春市人民检察院案件管理部主任，三级高级检察官；刘宁，吉林省长春市人民检察院案件管理部五级检察官助理；郑舒天，吉林省长春新区人民检察院第三检察部五级检察官助理。

（三）科技创新，全面提升监控质效

检察业务数据是检察业务工作的客观反映。但实践中，因系统设置不完善、数据量大、节点多等因素，或者因为办案人错填、漏填、迟填等行为，常常导致数据失真。本文结合案件管理工作实践，就如何开展贯穿办案全过程的流程监控来提升检察业务数据质量，以高质效业务管理推进业务管理现代化，提出一些粗浅建议。

一、当前业务数据质量普遍存在问题，亟须强化流程监管

当前，仍有部分检察官重办案质量、轻数据质量，在案件办理中往往将办案与数据填录人为割裂，忽视了检察官保障数据质量的主体责任以及业务部门的自查自纠责任，没有认识到检察官自我管理是检察业务管理的基础。个案中数据质量问题，汇集到类案将影响地区乃至全省、全国的检察业务数据，进而影响领导科学决策。

（一）因数据监管理念不到位导致“数据虚增”，需强化监管纠“偏”

比较典型的就是办案人重实体轻程序，为了评价指标或绩效考评，想“数据虚增”而办“凑数案”。如最高检通报的滥发检察建议书、既纠正漏捕又纠正漏诉等问题。办“凑数案”的行为将导致数据偏航越来越远，需采取有力举措及时扭转检察官错误观念，确保案卡填录与办案实际相符。

（二）数据产生与数据管理割裂造成“数据丢失”，需优化监管补“缺”

目前，工作网、专网数据传递有延迟，案管部门不能全面掌握

各环节生产过程的数据情况，基层案管部门无法通过报表全面及时掌握数据变化。此外，部分检察官未依法落实填录的主体责任，该录的案件不及时录、该填的案卡错填漏填，导致生产数据的人不重视数据质量，监督数据质量的人对生产过程不了解。这种数据产生过程与管理过程的错位断层也需通过优化监管来有效融合。

（三）填录内容烦琐造成“数据有误”，需细化监管查“错”

检察业务应用系统中的非控制节点多设置为“非必填项”，因其不会影响办案流程，检察官常常漏填和错填。为减轻办案人填录负担，系统增添“一键选是（否）”功能，但该功能在应用过程中出现偏离异化现象。多数检察官为了省时一键选是或否，忽略了对相关案卡信息的进一步核实，导致相关数据不够准确。如不填被害人信息，导致含被害人的审查起诉案件变少；不填审结认定的情形，回避改变定性的数据；不填发出检察建议关联项，减少检察建议提出数，导致采纳率高于100%。

二、流程监控对数据质量提升的作用

（一）确保数据准确生成

流程监控是通过内部监督促进质量提升的重要途径，可以线上实时跟踪系统所有案件的全流程，预警办理期限，实时监控诉讼权利保障、文书制作、案卡填录等，具有监管数据质量的功能。流程监控可以说是管办分离下竖立的保护检察权依法独立、规范运行的“防火墙”，通过及时发现办案过程中存在的程序性或实体性问题，推动数据质量优化。

（二）及时纠偏数据偏差

在案管部门的职能中，流程监控可以对事前、事中、事后展开全方位的监督。① 以案件受理员为例，在受案时履职流程监控，能及时发现移送机关在立案、侦查活动中诸如文书使用不规范、超期移送、强制措施不适格等违法监督线索。通过将流程监控端口前置，有效避免办案中出现的各种工作疏漏和违规操作，防范纠正司法办案活动中出现的各种问题，守住数据质量乃至案件质量的生命线。

（三）促进数据质量“质”的嬗变

流程监控是规范司法行为的重要抓手。在案件审结之前，通过通过动态”监测，及时提醒实体性问题多发点，实现案件质量的“预防”。同时，严格按照《人民检察院案件管理与检务督察工作衔接规定》，将《案件流程监控通知书》通报检务督察部门，敦促经办人立查立改，促进业务数据质的嬗变，保障办案程序公正透明。

三、 提升流程监控质效保障数据质量的几点建议

面对新形势、新任务，案管部门应将精细化作为流程管理的评价标准，以智慧案管建设为支撑，探索构建全程、实时、动态的精细化流程监管体系，主动服务检察业务管理现代化工作大局。

（一）完善机制，增强流程监控刚性

一是加强横向协作，织密监控之网，形成流程监控合力。对监控中发现的普遍性、倾向性的问题形成负面清单，推送给业务部门加强学习，追根溯源治标更治本。对公益诉讼新领域案件办理、未检部门综合履职案件办理等新兴业务，部门联动推动形成统一办案

① 《人民检察院刑事诉讼规则》第 664 条规定：“人民检察院负责案件管理的部门对检察机关办理案件的受理、期限、程序、质量等进行管理、监督、预警。”

标准，建立执法规范，使办案人有章可循。对填录主体责任和监管责任落实不到位的，协同检务督察部门依据问题严重程度分层级进行负面评价，让“软要求”成为“硬约束”。

二是细化对下指导，构建监控标准，解决监控“重点”。针对基层流程监控形式化、办案期限预警多、提出违反办案规范的处理意见少、监控效果不明显等问题，着眼重点环节、制定流程监控问题指引。如针对未成年人案件，指导各基层院重点对辩护情况、适合成年人到场情况、附条件不起诉程序、犯罪记录封存等节点进行监控；参考案件质量主要评价指标、重点案件质量评查发现的类案问题、数据核查中发现异常增减数据，确定监管内容，不定期开展实时专项监督，严防可能出现的司法不规范问题。

三是做好融合履职，推动一岗多能，解决监控“难点”。坚持“程序＋数据”融合监督。流程监控中发现的办案不规范问题，往往也同步反映在统计报表中，结合数据分析发现的异常数据，开展流程监控与数据审核互通共享，捕捉发现和深入分析在执法办案各环节中遇到的普遍性和倾向性问题，及时纠正。

（二）配强人员，强化流程监控岗位责任

一是完善人员配置。积极构建以案管多岗位为主支撑点，各业务条线监控人员为辅助的流程监控网络。一方面，案管部门各岗位之间联动互补，及时监督纠正各自履职中发现的不规范现象；另一方面，各业务部门齐抓共管，案管部门专职流程监控员负责统筹，业务部门兼职流程监控员配合协作，激发流程监控工作的实时性、有效性。

二是加强技能储备。流程监控员不仅要在工作中能敏锐地识别出业务流程、信息填录以及文书制作的异常问题，还要理性地进行分析判断。应当培养“全科医生式”业务管理人才。积极开展“传

帮带”，以“精准滴灌”助力人才专业化。通过邀请各业务部门专家能手授课等方式，开展专题培训，针对性解决流程监控员经验欠缺及不敢、不会、不能监控的问题，提高对各业务工作开展流程监控的成效。

（三）科技创新，全面提升监控质效

“智慧案管”是破解案管部门任务重、人员少难题的治本之策。当前各地智能化的流程监控软件，已经能够通过技术辅助手段减轻监管负担。下一步应着力探索将系统海量的法律文书、工作文书与结构化数据深度融合，通过设置关键字从文书中抽取比对要素，再及时转化为结构化数据展开智能比对，丰富完善校验规则，逐步实现监控自动化、智能化、实质化。同时扩大智能化软件的使用范围，从流程监控员扩大至统计员、检察官等，强化对办案人员的提醒和指引，将填录的问题解决在前端，更直接、更到位、更有效地服务办案，提高监控效率，有效促进办案规范化。

案件受理流转职能定位与工作实务研究

金光华　张金叶　徐晓宇*

目　次

新形势下，案管部门如何充分发挥内部监督管理作用，是摆在所有案管人面前的新课题。本文从案件管理部门的统一受理流转案件角度出发，探讨案件受理流转的职能定位、存在的问题，提出案件受理流转从事中监督向事前审查转变、从事务受理向业务办理转

* 金光华，吉林省通化市人民检察院党组成员、副检察长；张金叶，吉林省通化市人民检察院案件管理部主任；徐晓宇，吉林省通化市柳河县人民检察院第三检察部副主任。

变等可行性建议，对案件受理流转职责内容、工作标准提出创新性意见，以期为案管工作的可持续发展提供参考思路。

一、案件受理流转工作概述

（一）案件受理流转的概念

案件受理流转，是指检察机关案件管理部门根据法律规定接收、审查来自移送案件单位（如同级公安机关、人民法院、监察机关）移送的刑事案件，或者其他检察机关交办、移送的应由本院管辖的案件，以及本院依职权启动的其他监督案件，依据分案规则，分配到检察官或者检察官办案组的检察业务活动。根据最高检相关工作规定，案件受理流转包括案件受理审查、分案流转、结案审核等检察业务活动。①

（二）案件受理流转的职能定位

1. 案件受理流转是案管部门作为检察业务工作中枢最直接的体现。案管部门作为窗口部门，对外连接的是公安机关、审判机关、监察机关等相关案件移送单位，对内连接的是检察业务部门及检察官，也是与上下级检察机关、本院各业务部门案件流转配合的必经程序和环节。这种能贯通内外、沟通上下的职能就是检察业务中枢的最直接体现。

2. 案件受理流转是案管部门对内履行监督管理职责的重要一环。案管部门将检察机关传统分散的受案和送案审核模式集约化，通过集中统一受理流转案件，规范办案流程，有效管控案件进出，提高案件流转质效，切实促进检察机关执法规范化。案件受理流转

① 参见《最高人民检察院案件管理办公室案件统一受理流转工作规定》第2条。

是案管部门开展内部监督的第一步，是履行其他职能如流程监控、数据核查等内部监督工作的前提和基础，是案件管理职能中非常重要的一个环节。

3. 案件受理流转与业务部门案件办理形成合力，履行检察机关法律监督工作职能。随着检察工作的发展，案件受理流转工作相较于传统的职能定位和阐释，呈现出比较明显的创新态势和发展空间。一方面，传统认为案件受理流转不属于检察办案环节，但实践中案件受理人员会结合案件具体情况或者业务部门要求，进行一定程度的实体审查，以保障诉讼的顺利进行。另一方面，案件受理工作是内部监督的开始，通过受理审查，会发现办案程序风险点和实体风险点，也能及时发现法律监督线索，提升检察机关法律监督工作的整体质效。

二、 案件受理流转工作存在的问题

（一） 案件受理流转职能定位不清晰、职责不明确

案管部门是否应对案件进行实体审查备受争议。以《人民检察院刑事诉讼规则》为例，该规则只规定了案管部门受理案件的程序审查，并未规定实体审查。同时，实体审查需要时间，法律也没有明确案管部门受理案件的期限，更多的是强调受理流转的效率，即“三个当日，一步到位”。

（二） 案件受理流转和其他监管职能各自为政

案件受理流转需要一定的法律知识和检察工作经验，是事务和业务交叉的工作，是案管部门与业务部门配合履行法律监督职能的前提和基础。实践中，案件受理流转和其他内部监督职能各自为政，配合不充分，无效监督、重复监督的情况时有发生。

（三）案管队伍专业化程度不够

以某地级市为例，两级检察院共8个单位，从事案件管理工作的有32人，员额检察官5人（含和其他部门共用的员额检察官2人）。有13人专门或兼职从事案件受理流转工作，其中政法专项编2人，检察文员8人，其他3人为聘用制人员或公益性岗位，有法律专业背景的3人，有检察机关其他部门工作经验的2人。这样的队伍现状只能将案件受理流转作为事务性工作予以完成。

三、新形势下案件受理流转工作的应对措施和创新尝试

（一）案件受理流转从事中监督向事前审查转变

1. 建立与移送单位之间的受案流转前沟通协调机制。一方面，统一本地案件受案流转标准。根据相关法律法规，参考最高检和省院相关文件规定，案管部门可以协调业务部门、案件移送单位结合本地实际工作，制定案件受理流转标准，归纳总结常见案件类型的受理标准和送案审核标准，让检察机关和移送单位之间的案件受理流转工作规范化、标准化，提高案件流转效率。另一方面，对于重大疑难复杂案件、新型案件或者自诉转公诉的案件等具体个案，可以在受案前就所需材料进行沟通。如公安机关移送案件人员发生变化，或者遇到不常见的案件类型，或者需要用的法律文书不常见时，案管部门将受案审查前移，就受案所需文书、卷宗材料提前与送案单位达成一致，保证诉讼的顺利进行。

2. 尝试建立送案单位、案管部门、业务部门“三位一体”的沟通机制。移送单位和检察机关之间可以形成工作机制，安排专人每隔一段时间，对上一段时间内案件受理流转存在的问题进行会商，依法提出解决办法，可以不断更新案件受理流转标准，也可以就个

案达成一致意见。如在刑事案件的受理流转过程中出现分歧意见时，可采取事先双方沟通，达成统一意见后，再由案管部门作出受理或者不予受理的决定。案管部门也要加强和业务部门的沟通。案管部门受理案件的要求比较粗放，如果业务部门对案件受理审查有细化要求且合理的，案管部门应予以配合。在结案审核时，对于不常见案件，提前告知业务部门案件审结时需要制作的文书等相关情况，提高案件流转效率和质量。

（二）案件受理流转从事务受理向业务办理转变

将案件受理流转工作划归案管部门的目的之一是让业务部门从“事务性工作”中解放出来。长久以来，案件受理流转都被认为是事务性工作，这种认知影响了案管监督管理职能的履行。为转变这种认知，案件受理流转应向业务办理方向转变。

1. 案件受理流转从形式审查向“适当”的实体审查转变。“适当”是指审查时间适当和审查内容适当。时间适当，是指不影响业务部门的办案。可以规定受理案件实体审查时间，如法定办案期限少于30天（不含30天）或者犯罪嫌疑人在押的，受理审查期限为1个工作日。法定办案期限30天及以上的，受理审查期限为3个工作日。如果形式审查无问题，但实体审查未完成，应将案件先行流转，结合流程监控职能对案件进行接续监督管理。审查内容适当，是指实体审查的目的之一是发现法律监督线索，案管部门不能代替办案，也不能对案件处理结果提出意见。这也是落实《人民检察院内部移送法律监督线索工作规定》的重要举措，将监督关口前移，发挥一体化工作机制，同步监督，接力监督，把问题解决在萌芽状态。

2. 建议将管辖类案件改由案管部门办理。案管部门在受理案件时，认为需要改变管辖或者需商请指定管辖的，经分管副检察长决定，由案管部门直接办理并作出处理决定。案管部门设立的目的之一就是实现案件办理与案件管理的分离，管辖权的审查实质是一种案件管理，因此管辖类的案件由案管部门负责也符合案管部门工作职责。案管部门和法院立案庭成立的目的相似，职责相近，《最高人民法院关于全国法院立案工作座谈会纪要》中规定立案庭“依法处理公民、法人和其他组织提出的管辖异议和下级法院的管辖权争议案件”。检察机关可以参考法院做法，将管辖类案件由案管部门负责办理，在办理商请管辖类案件时，案管部门与立案庭直接沟通更便捷。这样既符合案管工作职能定位，也体现了对受理流转案件适当的实体审查。

刑事案件质量评查重难点问题研究

——以吉林省长春市检察机关刑事案件质量评查为视角

孙　琳　刘　宁*

目　次

---

* 孙琳，吉林省长春市人民检察院案件管理部副主任，四级高级检察官；刘宁，吉林省长春市人民检察院案件管理部五级检察官助理。

（一）突出责任落实，提高评查结论有效性
（二）完善评查标准，保证评查有据可查
（三）厚植人才储备，加大评查结果运用
（四）做好结合文章，推进评查管理现代化

开展案件质量评查，相当于对检察官交出的“检察产品”进行一次“质检”，有助于及时发现并纠正问题，提升承办人的司法责任担当。它是反向引导、督促办案人员不断提升质量意识、规范办案的重要方式，对提升执法规范化水平具有积极的现实意义。

一、案件质量评查的必要性

（一）高质量的案件质量评查，能够主动融合案件质量主要评价指标

各级检察机关以案件质量主要评价指标存在问题为导向，有针对性地开展重点案件质量评查，可以发现一点规范一面，倒逼检察官不断规范办案程序。如发现撤回起诉率高，可以重点评查“一撤到底”的问题，以典型案例形式在案件质量评查的通报中列明，督促办案人更加注重起诉的质量。

（二）高标准的案件质量评查，能够主动融入国家法治建设

当前法律监督的模式从被动监督转向主动监督，检察办案的履职立场也逐渐从侧重追诉转向务求客观公正。执法监督作为检察机关法治建设中的重要一环，本质就是防范减少冤假错案。高标准的案件质量评查，就是在履行监督职责中促进严格执法、公正司法，推动防范冤假错案，在国家法治体系建设中贡献检察智慧。

（三）规范化的案件质量评查，能够主动适应检察办案司法责任制

根据《吉林省检察机关案件质量评查办法》第 26 条的规定，评查结果应当纳入检察官业绩考评，对案件被评定为不合格，并且经相关程序认定应当承担司法责任的检察官，该年度考核不得被评定为优秀等次。将案件质量评查与检察官业绩考评体系挂钩，推动提升案件质量评查工作标准，促进检察官业绩考评参考依据更加精准、有效。

二、 评查中的常见问题

2020 年以来，长春地区两级院共组织开展案件质量常规性评查 46 次、专项评查 21 次、重点评查 5 次。分析发现近两年的重点案件评查报告，被评定为瑕疵或者不合格的常见问题有：

一是对事实认定不完整，线上线下认定的事实不一致。如某县院的李某某涉嫌贪污一案，根据《全国法院审理经济犯罪案件工作座谈会纪要》，李某某缺乏构成贪污罪的主体身份，也没有相关证据证实其侵占的理赔款系国家赔偿款项，批捕阶段对李某某批准逮捕决定错误。某区院的宋某某涉嫌职务侵占一案，线下审查报告审查认定的事实与系统内的审查报告认定不一致，导致处理意见错误。

二是对法律条文理解简单、片面。某区院的宋某某涉嫌故意伤害一案，在宋某某的行为是否属于正当防卫尚未查明的情况下，仅以伤害结果认定宋某某有加害故意，系客观归罪，是对刑法故意伤害罪和正当防卫条款的错误解读。

三是法律适用错误，撤回起诉后，未按法律规定作出不起诉决定。某市院的朱某某涉嫌非法制造、买卖、运输、储存危险物质一

案，该案撤回起诉未经检察委员会讨论，撤回起诉后未作出不起诉决定而建议公安机关撤销案件，程序违法。

四是存在机械司法。某区院的秦某某等人职务侵占、诈骗一案，在存在明显证据漏洞情形下错误作出逮捕决定，公诉阶段办案人未及时对犯罪嫌疑人进行羁押必要性审查，也未考虑涉及民事诉讼的证据有效性等问题，该案长期羁押后错误起诉，导致国家赔偿。

五是未对案件进行客观、独立审查，过分依赖法院意见。某市院的赵某某涉嫌诈骗一案，在审查逮捕阶段，办案人已认识到“在案发前已归还，不应再定罪”，结论却采纳法院“虽然在案发前已归还赃款，但犯罪手段已实施完毕，具有非法占有目的，应当定罪”观点；在审查起诉阶段，又根据法院的意见“既然法院认为不构成犯罪，只能撤回起诉”作出撤回起诉决定，缺乏独立审查案件事实和适用法律的意识。

六是审查报告对公安机关报捕的罪名评价不全面。某区院的宋某某涉嫌职务侵占一案，公安机关以虚开增值税发票、职务侵占两项罪名报捕，但在审查报告中仅对职务侵占罪进行了论述和评价，对虚开增值税发票罪只在《不批准逮捕理由说明书》和《补充提纲》中要求补证，没有进行详细论证。

七是证据审查不严。某市院的迟某某非法处置扣押财产一案，证言与书证存在明显矛盾，侦查机关与公诉机关一致采信不利于嫌疑人迟某某的言词证据，对迟某某及其辩护人的合理辩解也未积极调取相关书证或证言予以佐证，导致庭审认定事实发生本质变化。

三、问题产生的根源

（一）对案件定性、定罪、量刑的认识不准

实践中，面对法律的真空地带或隐性规定，办案人和评查人不

可避免地出现定性分歧、定罪标准不一、量刑不均衡等问题。如对自动投案的标准解读把握不准导致自首的认定不一致；并处罚金时因对罚金刑的标准适用理解不一导致只能提出幅度刑量刑建议；等等。

（二）办案司法理念落实不到位

部分办案人盲目追求数量考评，为了不产生重点案件，以公诉证据标准来衡量审查逮捕案件，拔高批捕的证据标准；不注重监督质效，刑事和解流于形式；在出现需改变强制措施的情形时，不履行羁押必要性审查职责，导致不批准逮捕的被告人被判处实刑。

（三）案件实体化审查把关不严

为确保案件能够起诉，有的办案人未严格落实证据合法性、关联性、真实性审查，遗漏与案件管辖认定、定罪量刑等直接相关的信息，不细致审查关键性证据，忽视现有证据的证明力，不关注犯罪嫌疑人的无罪辩解，片面采信言词证据、辨认笔录、鉴定意见，对应当收集调取证据不收集等行为，往往导致错误起诉后又撤回起诉。

（四）规范意识不强，各类小瑕疵屡改屡犯

困于案多人少的现状，有的办案人忽略程序重视实体，对不影响案件结论的问题敷衍了事。如不及时进行权利义务告知，讯问笔录等文书内容制作不规范，不按规定制作审查报告、决定书、通知书等相关必备法律文书等问题。或者出现先决定不起诉后认罪认罚的程序倒置、撤回起诉后又处理不当等严重程序瑕疵，文书种类适用错误，在追加遗漏犯罪事实时错误使用变更起诉决定书等问题。

四、刑事案件评查工作管理的优化路径

开展案件质量评查应当坚持程序与实体并重的原则，改变以往停留在浅表性、枝节性问题的做法，切实深化评查内容，发挥评查效能。

（一）突出责任落实，提高评查结论有效性

评查的最终目的是落实检察官办案责任制。可以通过成立评查小组的方式来调和评查工作中的矛盾，保证评查人员提出不同意见时没有后顾之忧。对难以定性的评查案件结论，可以提请检察委员会讨论决定，将存在内部争议的类罪和类案形成统一的内部司法标准，以集体智慧助力解决认知偏差导致的案件定性不准等问题。

（二）完善评查标准，保证评查有据可查

由于评查人的自由裁量空间较大，为了保证案件质量评查结果的全面、准确，上级院应当建立统一的评查标准，明确各办案环节各节点需评查的内容、项目、具体要求，保障评查人有章可循，切实查精、查实、查深。

（三）厚植人才储备，加大评查结果运用

建立地区专职化的“案件质量评查人才库”，各业务部门骨干人员均纳入其中参与交叉评查，避免办“人情案”，保证评查工作的实效和公正。对重大疑难复杂的案件和人民群众反映强烈、社会关注度高的案件，通过指定专人负责评查，能够确保评查真正“动筋骨、见实效”。案管部门还应积极加强与检务督察、队建部门的工作衔接，将参与评查工作情况纳入检察官办案业绩考核范围，端正检察官参与评查的工作态度，严谨评查工作作风。对案件质量评

查发现的司法办案问题，转化为检务督察开展监督问题点，适时展开谈话追责惩戒，进一步维护检察办案工作的严肃性、公正性和权威性。

（四）做好结合文章，推进评查管理现代化

将案件质量评查与流程监控、业务数据核查等有机统一，及时收集、掌握疑似存在质量问题的案件，构建贯穿案件办理始终的动态评查新模式。深入分析评查中发现的典型案件，形成理论文章，固化案件质量评查成果和经验；积极探索第三方参与机制，善于“借力、借智”，如组织相关法学教授、资深律师等参与案件质量评查，通过“开门评查”倾听对“重大、热点、交办、督办”案件的评价和反馈，真正做到政治效果、法律效果、社会效果的有机统一。

能动管理激发检察工作高质量发展新动能

朱晓莉　郑舒天*

目　次

高质效办好每一个案件是检察工作的基本价值追求，强化检察业务管理，以高水平管理促进高质效办案已成为落实检察工作高质量发展的必然要求。为充分发挥案件管理在业务管理体系的枢纽作用，必须要树立"科学管理、能动管理、智能管理"的工作理念，其中"能动管理"为适应检察工作大局和司法办案需要，自觉主动地开展管理工作。进入新时代，检察机关案管部门通过建立健全业务数据分析研判会商机制、深化检察听证制度等一系列能动管理举措，提升检察办案质效，推动检察工作高质量发展。

* 朱晓莉，吉林省长春新区人民检察院分党组成员、副检察长；郑舒天，吉林省长春新区人民检察院第三检察部五级检察官助理。

一、“能”是检察业务管理理念的革新

汉语词典对“能”的基本定义为胜任、善于。相较于科学管理、智能管理，能动管理强调的是一种工作态度，既包括根据趋势变化主动对案件管理的需求进行自觉主动感知，又涵盖立足于自身职能定位，对上述需求予以主动、有计划地应对。具体到案管工作中，就是指不用扬鞭自奋蹄的积极履职作为，与消极僵化的机械管理相对应，以实现检察工作发展的更佳效果。案管部门应当找准方向，从宏观大局、检察政策等出发，在管理举措中充分反映检察工作之所向，使履行检察权能与新要求新需要保持一致。比如，在传统数据统计的基础上，基于工作发展需要建立检察业务数据分析研判会商机制，让静态的统计数据“开口说话”，以数据支撑检察工作决策；规范、完善检察听证制度，发挥其在促进高质效办案、落实普法责任、促进矛盾化解等方面的作用；等等。

高水平检察业务管理要求案管部门具有“能”的意识。一方面，要充分发挥主观能动性，在履行法定职责基础上，根据新形势、新任务的需要对职责进行适度延伸，创新优化管理举措，引导、规范、监督、激励检察工作履职。另一方面，主动管理主动作为也意味着对案件管理权能的合理行使与工作新格局的有序构建提出了更高要求，需要承担更多责任。在履职方式和履职姿态上，案管部门要敢于监督、善于监督，善于发现和解决业务运行中存在的问题，案管人员也要勇于担当、敢于担责，避免“多一事不如少一事”的消极被动心态，努力实现从“应为”到“善为”“愿为”的转变。

二、“动”旨在激发人和事的活力

检察业务管理“牵一发而动全身”。作为检察业务工作的“中

枢”，案件管理对检察工作的影响主要表现在两个方面：一方面，直接作用于检察业务，促推办案质效提高；另一方面，通过对检察人员产生影响，进而带动业务工作的提升。由此，为充分彰显管理的能动价值，必须坚持“管人”与“管事”的结合，加强对“案”的管理从而一体实现对“人”的管理，激发检察工作高质量发展的内生动力。

马斯洛需求层次理论将人的需求依次分为生理需求、安全需求、社会需求、尊重需求和自我实现需求。也即受行为动机的驱使，只有低层次、高层次的需求相继被满足后，才能最终达到自我价值实现的目标。将理论应用于检察工作中，随着人民群众在民主、法治、公平、正义、安全、环境等方面提出更高要求，检察机关不能为司法办案而办案，而应追求更高的法律监督质量和效果，从而实现为大局服务、为人民司法、为法治担当。案管部门的能动管理为这种更高的工作追求提供了具象化目标导向，以激发检察人员能动履职与司法办案质效提升的同频共振。比如，将案件质量主要评价指标作为一种管理手段，根据实际情况多次对指标体系修订、调整，通过对评价指标的动态管理，发挥其对检察业务的牵引作用，同步引导检察人员树立正确的政绩观。

需要强调的是，能动管理是在遵循工作实际情况和办案客观规律的前提下开展，对于管理主体而言要在恪守自身权能和定位基础上来探索管理的边界，如果不把握这一原则，盲目追求成绩而突破实事求是的底线，抑或是包揽一切、以案件管理代替案件办理，则会陷入“妄动”“乱动”的误区。能动管理的目的绝不是“另起炉灶”，突破科学管理的工作标准，而是更加充分发挥管理效用的价值，使办案效果持续向好。比如，为使评价指标更加契合高质效办好每一个案件的要求，在案件质量主要评价指标体系中设置通报值，扭转实践中非理性追求数据高低的现状，是深化拓展指标应用的创新之策。然而，在此基础上，部分地方检察机关对通报值层层加码，进一步压缩或抬高通报标准，错误引导业务部门“争先恐后”完成指标任务，就明显违背了能动管理从根本上提升质效的理念初衷。

三、“管”和“理”是业务管理的落脚点

能动管理是能动检察理念在案件管理领域的重要体现，自觉主动开展案管工作，最终落脚点还是要放在履行好监督和服务的两项职责，以积极主动的工作态度实现高质效管好每一个案件。能动管理是一项系统工程，若缺乏整体规划而强调能动管理甚至任其随意“能动”、频繁调整，则会造成对检察工作稳定性发展的负面影响。因此，要真正让案件管理工作最大化发挥能动价值，必须全面梳理和整合能动管理中的相关事项，为实现检察工作高质量发展提供路径遵循，具体包含以下三个方面。

一是在参与主体上，检察业务管理的主体主要包括检察长和检察委员会的宏观管理、案管部门的专门管理以及办案部门的自我管理。做好能动管理，绝不是案件管理部门一家的事，必须充分调动各参与主体的主观能动性，严格落实相应管理责任。特别是案管人员，一端连接着业务宏观管理，另一端连接着案件微观办理，必须提升包括政策把握、法律适用、数据统计、分析研判、程序监管、质量评查能力在内的基本素能，为推进能动管理提供基础性支撑。二是在管理方式上，坚持“在监督中服务、在服务中监督”，将监督作为能动管理的规制手段，有效纠正司法办案中不规范行为。如针对某一时期的特定问题组织开展专项案件质量评查，防范和化解案件质量问题。同时将服务作为能动管理的常规方式，工作“向前一步”，积极主动地站在被管理者的角度细化举措，实现办案质效提升的双赢多赢共赢。如各地案管部门结合本地反复出现的案卡错

填漏填迟填问题，归纳形成详细的数据填录指引，在有效提升检察业务数据质量的同时，也极大减轻案管人员数据审核的负担。三是在结果转化上，正如法律的生命在于实施，管理的本质则在于改变，如果有了能动管理的态度而不落实到具体的管理措施中，或者管理成果与检察工作落实存在割裂，那么再积极主动作为也难以发挥实际作用。在此背景下，亟须完善案件管理与其他业务、管理工作的衔接机制，保障能动管理的顺利开展与落实。比如，对于在日常监管中发现的相关法律监督线索，细化案件线索移送机制，加强案件办理结果的后续跟踪与督促反馈，发挥能动管理结果的最大效能。又如，构建完善案件管理与检务督察工作衔接机制，对发现的检察人员司法办案不规范情形，及时将相关情况告知检务督察部门，并将督察结果运用于检察人员考核中，提升能动管理的监督刚性。

《检察业务管理指导与参考》征稿启事

《检察业务管理指导与参考》是由最高人民检察院案件管理办公室和中国检察出版社联合创办的指导性连续出版物，以“加强工作指导、促进理论研究、解决实际问题”为宗旨，坚持理论联系实际的原则，贯彻实用性、指导性和权威性的编写特色，为全国业务管理理论研究者和实务工作者提供交流平台，欢迎广大检察人员、高等院校和研究机构的专家学者以及各界人士投稿。

一、征稿内容和主要栏目

稿件内容为业务管理理论与实务问题研究，主要包括业务管理基础理论、检察改革背景下业务管理的职能定位，案件综合管理、流程管理、质量管理、统计信息管理、业务信息化管理等职能履行方面的理论与实务研究，检察业务应用系统的应用和完善情况、案件信息公开工作的经验及建议等。主要包括以下栏目，具体情况可以结合实际适时调整。

（一）政策指导类栏目

高层声音：中央、最高人民检察院领导关于业务管理工作的重要讲话，最高人民检察院召开的有关业务管理工作会议精神。

领导论坛：最高人民检察院案件管理办公室领导、各省级院领导有关业务管理工作的讲话、调研报告、理论文章等。

理论前沿：司法体制改革背景下，政法部门业务管理总体职能定位、主要任务、发展趋势等方面的研究成果。

政策解读：专家学者或各级院案件管理部门负责人对涉及业务管理工作的法律法规、规章制度进行的深度解读。

（二）业务研讨类栏目

业务研究：对案件综合管理、流程管理、质量管理、统计信息管理、业务信息化管理、人民监督员履职管理等各项职能进行深层次研究。

经验交流：各级检察机关案件管理部门结合实际，创新开展工作的经验做法。

典型案例：在案件受理审查、流程监控、质量评查、业务考评、业务分析研判、人民监督员履职等具体工作中形成的具有典型意义的案例或事例（附工作文书）。

（三）专题类栏目

规章制度：最高人民检察院和省级院制定下发的有关业务管理工作的规定、决定、意见、通知等规范性文件。

专项解答：针对各地业务管理工作中出现的常见问题、突出问题的专项汇总解答。

分析研判：各地围绕检察工作重点，发挥业务管理职能作用，深入开展的业务分析研判。

（四）其他栏目

案管风采：部分先进案件管理部门或者优秀案件管理人员的典型事迹材料。

检察文苑：与检察业务管理工作相关、可读性较强的纪实报告、小说、散文、诗歌、随笔等文学作品。

二、投稿要求

1. 原创性。本书主要刊发原创的理论和实务文章。稿件如已在其他刊物发表过，投稿时请务必注明刊发的时间和刊物名称。

2. 时效性。要围绕正在开展的业务管理重点工作和亟须解决的问题组织稿件，对业务管理工作具有一定的指导和借鉴意义。

3. 内容适宜公开发表。本书向社会公开发行，请针对文章中的数据、事例等材料认真进行保密审查，防止出现不宜公开或泄密的事件。

4. 数据引用要准确。文章引用的数据要列明来源和出处，确保真实准确。

5. 署名和引注要规范。鼓励作者独立署名，也可刊发合作署名文章，但对 4 人（含 4 人）以上的署名文章一般不刊发或者作集体署名处理；文章的引注请严格依照“注释体例”的要求。

6. 作者信息要完整。应在稿件电子版内（文章结尾处，无须另附文档）直接注明作者详细联系方式，包括通信地址、邮政编码、联系电话、电子信箱等，并附作者简介。

7. 稿件形式要合规。理论研讨文章一般应当在 3000 字以上，稿件电子版（word 或 wps 格式）应以“附件”方式发送至投稿电子信箱。

三、注释体例

注释采用脚注方式，每页不连续编号，以阿拉伯数字加圆圈标志。

（一）著作类引文注释

作者：书名，卷次，译者，出版社，出版年份，页码。

例如：

①张文显主编：《法理学》，法律出版社 2004 年版，第 38 页。

②史尚宽：《民法总论》，中国政法大学出版社 2000 年版，第 23 页。

③［德］黑格尔：《法哲学原理》，范扬、张企寿译，商务印书馆 1961 年版，第 91 页。

④H. L. A. Hart, *The Concept of Law*, Oxford University Press, 1961, p. 6 – 7.

（二）文章引文注释

作者：文章名，本书作者，所载书刊名，卷次，出版社，出版年份，页码。

例如：

①俞荣根、刘霜：《立法助理制度述论》，载《法学杂志》2007 年第 2 期。

②周光权：《违法性意识与犯罪故意的关系》，载陈忠林主编：《全国中青年刑法学者专题研讨会文集·违法性认识》，北京大学出版社 2006 年版，第 28 页。

③李希慧等：《“轻轻重重”应成为一项长期的刑事政策》，载《检察日报》2005 年 5 月 26 日第 3 版。

④Julius Stone, “Roscoe Pound and Sociological Jurisprudence”, in 78 *Harvard Law Review* (1965), p. 1578.

（三）数字和书名号的用法

1. 除引用原文外，文章中出现的数字（不含序数）均使用阿拉伯数字。

例如：

《中华人民共和国刑事诉讼法》第159条明确规定："对犯罪嫌疑人可能判处十年有期徒刑以上刑罚，依照本法第一百五十八条规定延长期限届满，仍不能侦查终结的，经省、自治区、直辖市人民检察院批准或者决定，可以再延长二个月。"这说明可能判处10年以上有期徒刑的犯罪嫌疑人被羁押的时间最长可达7个月。

2. 法律法规除全称需要书名号外，简称均不加书名号（加括号规定简称的除外）。

例如：

我国刑法中对被害人承诺没有明文规定，应当在立法中予以明确。

《最高人民法院案件审限管理规定》（以下简称《审限管理规定》）中明确规定："审判人员故意拖延办案，或者因过失延误办案，造成严重后果的，依照《人民法院审判纪律处分办法（试行）》第五十九条的规定予以处分。"

四、 投稿联系方式

1. 投稿邮箱。邮件请注明"《检察业务管理指导与参考》投稿"及主题，检察内网发至 agb_ zdyck@ gj. pro，外网发至 agbzdyck@ 163. com。

2. 本刊编辑部地址。北京市东城区北河沿大街147号最高人民检察院案件管理办公室，邮编：100726。

3. 编辑部电话：010－65200308。

2024年《检察业务管理指导与参考》征订单

《检察业务管理指导与参考》是由最高人民检察院案件管理办公室和中国检察出版社联合创办的指导性连续出版物，以“加强工作指导、促进理论研究、解决实际问题”为宗旨，坚持理论联系实际的原则，贯彻实用性、指导性和权威性的出版特色，为全国业务管理理论研究者和实务工作者提供交流平台。

2024年《检察业务管理指导与参考》全年6辑，每辑定价40元，全年定价240元，面向全国公开发行。现2024年征订工作已经开始，欢迎各级人民检察院和相关部门订阅。各订阅单位可通过中国检察出版社官网（www.zgjccbs.com）进行网上订购，也可采用纸质订购方式，汇款后请填写订购回执单（见下页，复印有效）并传真至出版社。

中国检察出版社

2023年11月

2024年《检察业务管理指导与参考》订书回执单

<table>
<tr><td>订购单位名称</td><td></td><td>经手人</td><td colspan="2"></td></tr>
<tr><td>地　址</td><td></td><td>电话
（手机）</td><td colspan="2"></td></tr>
<tr><td>单位统一信用代码</td><td></td><td></td><td colspan="2"></td></tr>
<tr><td>电子发票接收邮箱</td><td></td><td></td><td colspan="2"></td></tr>
<tr><td colspan="2">书　名</td><td>定价</td><td>订数</td><td>金额</td></tr>
<tr><td colspan="2">2024年《检察业务管理指导与参考》</td><td>240.00</td><td></td><td></td></tr>
<tr><td>合计金额</td><td colspan="4">万　　　仟　　　佰　　　拾　　　元整</td></tr>
<tr><td colspan="5">备注：款到三个工作日左右，发票发送至您的邮箱！</td></tr>
</table>

订购方式说明

第一种：网站订购（www. zgjccbs. com）（不用发传真、款到开票）

1. 网站下单，直接在线支付（微信、支付宝）
2. 网站下单，银行汇款需备注订单编号后6位数字

网站订购负责人张惠 010－86423745、18101137669　技术咨询 010－86423763

第二种：微信订购（仅支持微信在线支付）

1. 使用微信扫描右侧二维码可直接在线订购
2. 了解最新书讯请关注“中国检察出版社”微信公众号

第三种：传真订购

书款汇至出版社账号后，务必将订书回执单填写完整并传真至 010－68659465

中国检察出版社账户信息

户　名：中国检察出版社有限公司　　账　号：11050164860000000056
开户行：建设银行北京西山枫林支行　　行　号：105100050751

中国检察出版社各省订购负责人：

盛　丹 010－86423727　18101137660（微信同号）传真 010－68659465
（北京、天津、山西、陕西、河北、黑龙江、吉林、辽宁、内蒙古、青海、山东）
董艳芬 010－86423726　18101137661（微信同号）传真 010－68659465
（河南、浙江、江苏、安徽、上海、福建、甘肃、江西、新疆、西藏）
薛建娜 010－86423728　18101137662（微信同号）传真 010－68659465
（广东、广西、海南、重庆、四川、云南、贵州、湖北、湖南、宁夏）